李冰

嗨！有趣的故事

Hi! Story

楊學敏

中華教育

【出版說明】

在文字出現以前，知識的傳遞方式主要就是語言，靠口耳相傳的方式記錄歷史與情感表達。人類的生活經歷、生命情感也依靠著「說故事」來「記錄」。是即人們口中常說的「傳說時代」。然而文字的出現讓「故事」不僅能夠分享，還能記錄，還能更好、更廣泛地保留、積累和傳承。

《史記》「紀傳體」這個體裁的出現，讓「信史」有了依託，讓「故事」有了新的準則：文詞精鍊，詞彙豐富，語言精切淺白；豐富的思想內容，不虛美、不隱惡。選擇人物一生中最有典型意義的事件，來突出人物的性格特徵，以對事件的細節描寫烘托人物的情感表現，用符合人物身份的語言，表現人物的神情態度、愛好取捨。生動、雋永而又情味盎然。

「故事」中的人物和事件，從來就是人類的「熱門話題」。她是茶餘飯後的趣味談資，是小說家的鮮活素材，是政治學、人類學、社會學等取之無盡、用之不竭的研究依據和事實佐證。

中國歷史上下五千年，人物眾多，事件繁複，神話傳說與歷史事實並存，正史與野史交錯互映，頭緒繁多，內容龐雜，可謂浩如煙海、精彩紛呈，展現了中華文化的源遠流長與博大精深。讓「故事」的題材取之不盡，用之不竭。而其深厚的文化底蘊如何呈現，怎樣傳承，使之重光，無疑成為《嗨！有趣的故事》出版的緣起與意趣。

《嗨！有趣的故事》秉持典籍史料所承載的歷史精神，力圖反映歷史的精彩與真實。深入淺出的文字使「故事」更為生動，更為循循善誘、發人深思。

《嗨！有趣的故事》以蘊含了或高亢激昂或哀婉悲痛的歷史現場，以對古往今來無數先賢英烈的思想、事蹟和他們事業成就的鮮活呈現，於協助讀者不斷豐富歷史視域和深度思考的同時，不斷獲得人生啟迪和現實思考、並從中汲取力量，豐富精神世界，在實現自我人生價值和彰顯時代精神的大道上，毅勇精進，不斷提升。

【導讀】

中華民族在神州大地上繁衍生息，創造了許多驚世奇蹟，都江堰便是其中之一。都江堰是中國先秦時期修建的一項沿用至今的綜合性水利工程，成都平原因之變成沃野千里，「水旱從人」，成為天府之國。這項工程是與它的創建者——李冰的名字聯繫在一起的。

李冰，戰國晚期秦國人，關於其身世、事蹟，典籍記載不多。《史記》只說他是秦「蜀守冰」，《漢書》才說他姓李。根據東晉時期常璩的《華陽國志》等古籍，大致勾勒出李冰的事蹟如下。

李冰的祖上可能是楚國人，為老子後裔，到了李冰時，已遷居秦之隴西。李冰大約出生於秦昭襄王即位（前三〇六年）前後，早年聰慧好學，「能知天文地理」，「識察水脈」。約昭襄王三十五年（前二七二年），李冰任蜀郡守。

李冰主政蜀郡期間，以都江堰工程為核心，致力於治理水患、疏通江河、保證航運、灌溉農田。除都江堰外，李冰還治理了源於岷山的洛水（今石亭江）、綿水（今綿遠河），疏通了南安（今四川樂山）、僰道（今四川宜賓）等地的江水通道。此外，自咸陽入蜀的褒斜道、石牛道上的棧道，也可能是李冰最先修築的。至於成都市內的市政建設、橋樑修建，以及在蜀郡各地的挖河架橋，都可覓見李冰的足跡，滲透著李冰的汗水。

李冰治水十分注重運用人民的智慧，他主要依託當地各族百姓，經過實地勘察，就地取材，使用竹籠卵石壘砌之法、榪槎截流之術，並用火燒水澆的方法鑿斷離碓，創造了都江堰的奇蹟。

李冰約是在秦王政即位（前二四六年）前後卸任蜀郡守之職，而轉任上郡守，此後的事蹟便更不詳了。可以推測的是，秦王政十二年（前二三五年），上郡守已換成一個名「壽」的人，此時李冰已經離世。

都江堰以及蜀地的各項水利工程是戰國時代蜀郡人民智慧的結晶，而主持這些工程的李冰，作為中國古代傑出的水利工程專家，也將永遠受後人緬懷。

目錄

受命赴蜀

秦昭襄王三十五年（前二七二年）三月，這一天，昭襄王心情有些興奮，又有些許凝重。他是戰國時期秦國頗有作為的一位國君，這一年，他停止伐楚，準備攻打三晉——韓、趙、魏。如今這個謀劃已逐漸成形，他心中反倒有些不踏實了。

先王滅了蜀國，本想開拓疆域，富國強兵，由巴蜀順流而下以伐楚。可是自滅蜀以來，蜀人多次叛亂，秦國幾度出兵後方止住亂局。近幾年秦王又派司馬錯、張若等數次由蜀起兵伐楚，雖然至今已經四次攻下黔中郡，然而楚人去年還是收復了江邊十五城，重建黔中郡以與秦對抗。當年司馬錯以為得蜀則得楚，談何容易！秦滅蜀至今已四十五年，局勢仍舊如此膠著，究竟何故？秦王決定召見內史李冰，聽聽他的看法。

秦昭王於寢宮內召見李冰，君臣禮畢，他便開門見山地問道：「你可知道楚太子已到咸陽了嗎？」

李冰忙欠身道：「臣已聽說此事。」

昭王緊接著問：「既然如此，你是如何看待秦楚和好的呢？」

李冰聞言，略加思索道：「大王的用意，可是要暫緩伐楚，轉而攻打三晉嗎？」

昭王聽了連連點頭：「不錯。」

李冰沉吟道：「微臣以為，大王的決定是對的。當今局勢，暫緩伐楚而專攻三晉，遠較由蜀伐楚為有利。究其原因，可有四端：楚距秦遼遠，而三晉與我接近，此其一。楚雖然也與我相鄰，然秦楚之間巉岩絕壁，川壑縱橫，榛莽叢生，瘴氣彌漫，進攻則路途難行，佔領之後又不易防守，此其二。韓、魏與我國邊境交錯，國力又弱，攻佔之後可以威脅齊、楚、燕、趙，此其三。自從秦、趙、燕、魏、韓五國合縱破齊（周赧王三十一年；前二八四年）以來，東方六國中以趙國最強，成為我大秦之勁敵，必須先削弱趙國，如此則楚等五國便不足為慮了，此其四。」

昭王歎道：「先生一席話，與寡人不謀而合！那麼應如何處置蜀郡呢？」

李冰答道：「即使大王不問，臣也想說說此事。前兩年蜀郡太守張若修建成都、郫邑（今四川成都市郫都區）和臨邛（今四川邛崍市），大王派臣前往相助，臣在蜀郡雖然只待了半年，然而所見所聞，實在令人憂心。蜀人有氐、羌、冉、駹、邛、筰等不下數十部落，各自有各自的君長，野蠻強悍，難以馴化。蜀地雖號稱富饒，但四面環山，其形如盆，雨季一到，往往大地一片沼澤，百姓如同魚蝦，苦不堪言。蜀道之難，並非只是自秦入蜀難行，即使蜀地內部，到處川流湍急，巉岩突兀，灘塗深淺難料，水路曲折不定，舟船所到之處，無不有覆沒之憂。這些才是大王『得蜀則得楚』之計行不通的原因所在啊。」

昭王聞聽，深受觸動，不覺往前探了探身，問道：「如此說來，難道滅蜀是失策了嗎？難道我們應該放棄巴蜀？」

李冰急忙道：「巴蜀當然是富饒之地，先王得到它，大王您繼承了它，焉能放棄？以微臣愚見，不妨趁當前秦楚和好之時，安撫蜀人，治理蜀地，不過數年，一定會真正收到開拓土地、富國強兵之效的。」

昭王大喜道：「好！寡人今日就委任你為蜀郡守！你寬厚愛人，必定能為寡人撫慰蜀民；又通曉天文地理，博學多才，尤其善識水脈，必定能夠治理好蜀地。」

昭王注視著李冰，然後緩緩抬起頭，望著南方蜀郡的方向，鄭重言道：「蜀郡雖然山水遠隔，卻是我誅滅六國、一統天下所仰賴的。蜀郡叛亂，我必會無暇東顧；蜀民窮困，也會令我憂心不安。而且伐楚之事雖然暫緩，但等攻下三晉，由蜀伐楚，仍不失為上上之策。蜀對於秦而言，至關重要，可以說蜀治則秦強，蜀亂則秦弱。希望你盡力而為，且莫辜負寡人！」

李冰躬身正色答道：「大王重託，微臣豈敢不盡力！」

稍作準備之後，李冰便帶著自己的次子二郎及數十名侍衛出發。離開咸陽已經五天，這褒斜道走了尚不及一半，看來沒有兩個月，是到不了成都了。蜀道難行，勢比登天。

舉袖拭了一下額頭上的汗珠，抬頭看了一眼近午的日頭，李冰轉身對次子吩咐道：

「二郎，讓大夥兒稍事歇息吧，吃口乾糧再走。」

二郎轉身對隨行的數十名侍衛喊道：「大家稍事休息，吃口飯再走。」大夥兒紛紛就近找樹蔭坐下，拿出隨身攜帶的乾糧吃了起來。

秦嶺正是山花爛漫時，李冰卻無心欣賞這繽紛馥郁的山花。他眼望南方，似乎是在對二郎說話，又像在自言自語：「都說蜀道難，這次去蜀郡，恐怕比蜀道更難啊！」想到這裏，李冰站起身對眾人招呼道：「諸位軍士，路途遙遠，咱們還是儘快趕路吧。」

李冰邊走邊對二郎說：「為父在為大王分析列國形勢之時，大王雖然稱讚，然而為父還是察覺到大王臉上閃過一絲憂慮。你說說看，大王因何憂慮？」

二郎今年剛滿十八歲，身高八尺，生得虎背熊腰，紫色面堂，劍眉虎目，儀表不凡，並且聰慧心細，老成持重，膽略過人，頗有其父之風。他三年前已從軍，原本是武安君白起部下，在最近兩次圍攻大梁的戰役中奮勇當先，立下不少戰功。短短三年，已由無爵的小夫，升至第五級爵的大夫，脫離了「卒」的級別而升任屯長（管理五十人的初級將領）。這次昭王委派李冰任蜀郡太守，特許二郎跟隨作為助手。李冰對此十分感激，對於二郎，李冰也極為器重，這次能在自己身邊，當然要好好培養，這也是他突發此問的原因。當然，李冰此問的目的，更重要的是想看看二郎的見識如何。

二郎緊跟一步，答道：「父親大人，大王有此表情，一定是心中有所顧慮。依孩兒愚見，大王所憂慮的既不在於趙國、楚國如何強大，也不在於韓國、魏國難以攻下，恐怕是在宮牆之內吧？」

李冰聞聽心中一動，笑道：「哦？我兒所言有點意思，說來聽聽？」

二郎道：「大王二十歲即位，靠的是太后的弟弟穰侯魏冉之力。因而太后、穰侯等以大王年少為由，攬權不放，至今已經三十五年。但是大王並非毫無主見之人，如今一遇國家大事，還必須向穰侯請示，他心有不甘，是理所當然的。前不久，穰侯力主攻打齊、魏，其實並非齊、魏有什麼過錯，也不是我國對齊、魏有機可乘，只是穰侯想擴大他在陶邑（位於今山東菏澤）的封地罷了。穰侯的私心愈來愈重，路人皆知，大王怎會看不出來呢？」

李冰笑道：「我兒所言極是。大王對穰侯積怨已深，總有爆發的一天，然而這是我們不能插手的。如今楚國求和，大王與穰侯都能接受，一是因為楚國吞併越國、奪回淮北之後，即便武安君攻破郢都，其國力尚強，否則也不會重奪十五邑、再建黔中郡了。二者，穰侯有意對齊、魏用兵，而大王則想先挫趙國的銳氣，不論如何，對楚收縮戰線是必然之舉。如此一來，秦、楚之間定會數年乃至十數年相安無事，這正是巴蜀修養生息的好機會啊。」

李冰頓了一頓，接著說：「行軍佈陣不是我所喜歡的，我所擅長的正在有所建設，這也是大王派為父入蜀的用意。如此一來，遠離了國都也就遠離了是非。到蜀郡之後，我的身體肯定會很疲勞，但心不會累，也未嘗不是一件好事。總之治理好蜀郡，有益於秦國，有利於蜀地子民，我定當全力以赴！」

說到這裏，李冰心中寬解了不少，眾人繼續前行，來到一處名喚青雲的官驛。官驛建在稍稍偏離主路的一處山坳裏，避風向陽，密林環抱，甚是幽靜。李冰一行決定在此過夜，走了一天，大夥兒又累又乏，用過晚飯便早早安歇了。

一夜無話，第二天卯時剛過，李冰便醒了。他穿好衣服，推開窗戶打算透透氣，一股涼風吹來，李冰不禁打了個冷顫。往外看時，只見碧空如洗，春天鮮綠的樹葉上掛著水珠。李冰心中為之一振，洗漱罷，見眾人尚未醒來，便獨自推門出了驛站，獨自信步往前走去。

李冰剛走出青雲驛，尚未轉出山坳，耳中便聽到隆隆的水聲，循聲向前，隆隆之聲愈發大了。李冰向山谷主路望去，原來隆隆之聲是由路旁的澗水發出的。走近澗溪，只見水勢湍急，水中夾雜著泥土砂石、腐枝敗葉，衝擊著谷中的大小山石，濺起陣陣濁浪，砰訇之聲震耳欲聾。好在谷中的褒斜道比澗溪稍高，尚可通行。

李冰沿澗谷又走了約二里路，發現道路忽高忽低，低處已然被飛濺的浪花打濕。見此情景，李冰不免擔心起來，這時天已大亮，他便往回走去。

回到驛館，李冰向驛吏詢問道：「這褒斜道旁澗水轟鳴，是否有礙通行？」

驛吏答道：「昨夜下雨，山水匯集起來，其勢凶猛，這水若再大些，褒斜道便不可通行了。郡守來時走過的路還算好走的，由此白雲驛往前，峽谷險隘之處極多，地勢起伏倒不很大，只是怕水。若是雨季，暴雨突至，山洪洩下，多處道路便被淹沒，若要通行，只能待山洪過後了。」

李冰聞聽，緊鎖雙眉，沉吟道：「如此看來，秦、蜀交通堪憂啊，可有什麼辦法嗎？」

二郎從旁說道：「若要免除水患，除非將路墊高，遇有水處便可架橋。」

驛吏道：「二郎所說倒是提醒了小人，小人的家鄉商山之中有棧道，小人曾聽爺爺說過，是五六十年前墨者鉅子腹䵍所建。其法是於崖壁中鑿石洞，插入石柱或木柱，再以木板鋪於柱上，成為一條懸在崖壁半空的木棧道，如此一來，即使山谷中洪水再大，也無奈我何了。」

李冰擊掌道：「好主意！待我得空，一定奏明大王，在這褒斜谷中也修一條棧道，那時秦、蜀相連便無憂矣。」

用過早飯，李冰一行人便匆匆趕赴蜀郡而去，一路艱辛自不待言，等來到成都，已是初夏。

初至蜀郡

李冰進入成都城，安頓已畢，便請郡尉王鐩前來，請教郡中事宜。王鐩是李冰赴任之前的代理郡守，且在張若任蜀郡守時已擔任郡尉多年，對蜀郡大小事務十分熟悉。

王鐩一進郡守府大門，早已等候在堂前的李冰便快步上前相迎，拱手道：「有勞王郡尉。」

王鐩見新任郡守對自己如此禮遇，甚是感動，連忙向前深施一禮，道：「王鐩參見郡守！郡守千里風塵，舟車勞頓，剛剛到任便喚在下前來，垂詢郡事，令人感動啊！」

李冰忙道：「足下居蜀中十餘年，大小事宜最為熟知。李某既與足下為同僚，這治蜀大業自然少不得足下鼎力相助啊。」說罷便向王錣做了個「請」的手勢，二人一左一右邁步走進郡府大堂。

分賓主入席之後，李冰接著說道：「此次大王派李某前來，與前不同。前者先王派司馬錯伐滅巴蜀，主要意在依託巴蜀富饒之資，東下伐楚，進而掃滅六國，一統天下。然而司馬錯、張儀、張若經營多年卻見效甚微，故而大王去歲同意了楚人求和的要求，秦、楚和好，因此蜀郡當下不再是伐楚的跳板，你我的職責也就不是徵兵催糧，而是治理蜀郡。」

李冰深知王錣是自己在蜀郡任上的第一助手，且見其人個頭雖不高，但肩寬背厚，鼻直口方，相貌堂堂，眉宇間透著一股堅毅之色，所以便開誠佈公地將昭干與自己談話、任命的大意說了一遍。

李冰盯著王鏺，深切地說道：「請郡尉前來，是想請教這蜀郡的地理風物、人情世故究竟如何？」

王鏺聞言連忙答道：「郡守大人此來，真是蜀中百姓之福啊！即便大人不問，在下也在思量，等大人稍事休息之後，前來奉告。既然大人先事垂詢，請容在下詳細說來。」

王鏺頓了一頓，接著道：「說起來，這蜀郡有兩件大事，若此二事處置得當，則蜀中大地必成我大秦國的沃土糧倉。第一件，是這蜀民的問題；第二件事，便是蜀郡的水患了。」

原來，巴蜀自被秦伐滅之後，屢有叛亂。蜀人族群甚為複雜，秦軍一到，土人恐懼，皆流竄於西南山林之中。他們山居野處，不識文字，與華夏言語不通，些許叛亂實所難免。然而蜀人雖多戎蠻，但並非冥頑難化之民，其向善慕化之心甚強。蜀郡土人以氐、羌居多，千百年來生於斯、長於斯，其中較為先進者，居住於平原地帶，雖不如華夏大國禮樂斯文，可也形成了自己獨特的風俗，有君長百官，也講父子兄弟之禮，原本是很好的。秦軍到來之後，這些年來也遷來了不少秦民，約有數萬人，與土人雜處，秦、蜀漸相融合，故而近些年叛亂之事已是極少。

還有一些族群僻處群山之中，有耕種的，也有狩獵的，這些人則較為野蠻，各自劃地相保，稱王稱君，相互搶掠攻伐之事也時有發生。但即便如此，其向善慕化之心也是有的。不知自何時起，山中的蜀民漸漸形成一種習慣，即每至春秋時節，他們在山中無事可做時，便出山來為平原蜀民做工，幫著耕種收割。平原之民多少給他們口飯吃，或是幾件衣物，他們便樂於賣力，不甚計較酬勞多寡。待夏天平原酷熱時，他們就紛紛回到山中。這些山民多數心地敦實，幹起活來十分賣力，慣於在山野中生存，行走如風，矯捷似猿。他們不僅多無惡意，而且能夠成為治理蜀郡的主力。

然而要蜀人為我所用，尚需爭得蜀民之心。蜀人無論在平原者或是居山中者，莫不信奉鬼神，尤多忌諱。如若冒犯其鬼神，或者觸動其忌諱，他們無不以性命相搏，極有可能再次引發叛亂。

蜀人以為，其生命、先祖皆是拜這裏的大江、大山所賜，故每年都會宰殺若干牛羊祭拜江水之神與蜀山之神。這裏的江水乃大江（即長江）之上游，蜀郡各地都會祭拜江水神，而規模較大者有兩處：一在南部的僰道（道是當時政府在邊遠蠻夷地區設置的地方行政單位，相當於郡縣制下的縣）上，其地為僰人所掌控；一在西北的都安，乃大江出山之處，為氐人所掌控。蜀地多山，其神最大者即江水所出的岷山，當地又喚作汶山，祭祀之地也在都安，與江水神同在一處。此外，蜀人極為敬重的一位神，即望帝。傳說望帝名杜宇，教會蜀民蠶桑耕作，深得蜀民之心，死後化為杜鵑，啼鳴山中，蜀人以為神。

蜀郡水患的由來則與其地形、氣候緊密相關。蜀郡四面皆是大山，北有秦嶺，西為岷山，東為巴山，南限大涼山，中間稍低平，形如巨盆。地勢如此，兼多雨水，故而水患嚴重。好在大江自南部山谷中東流而出，蜀郡之水只有注入大江方能無患，其水皆源自西部、北部群山之中，水患也來自此二處。蜀郡盆地雖較低平，但並非一馬平川，中間有一座大山名喚龍泉山，就在成都以東數里，其高數千仞，呈東北、西南走向，縱貫巨盆之中，故而成都之地，北受洛水、綿水之害，西有沱江之患，雨季一到，蜀民人人心驚膽寒，山洪爆發時，房屋漂沒，人為魚蝦，極為淒慘。

既然蜀水只能經由大江流走，那麼諸水流出盆地的尾閭便是治洪之關鍵。尾閭即洪水之出口，這尾閭本在江陽（今屬四川瀘州），無論北面之洛水、綿水，還是西部之沱江，皆匯集於江陽。但因龍泉山將盆地一分為二，故洛水、綿水都流向龍泉山北段的一個缺口，名喚新都谷（今金堂峽），由此穿過龍泉山而南流入江。如此一來，成都四周又自成一盆地，而新都谷即此盆地之尾閭了。然而新都谷寬不足四十丈（不足一百公尺），洪水來時如何洩得及？是以成都以北往往成為澤國，成都以東則有沱水流過，大江的洪水也時常對成都以南之地造成威脅。

李冰聽了王餟的介紹，點頭道：「郡尉一席話令我受益匪淺。此二事確是大事，而這兩件事若能處置妥當，則蜀郡可興，蜀郡若興，何愁國不富、民不強呢？蜀人神靈即蜀郡神靈，為贏民心，我等不但要祭祀這些神靈，更要祭得莊重。唯有官民齊心，治水才有望成功。我當修書一封，上奏大王，請求大王選派一名水工前來襄助。另外自明日起，還須勞煩王郡尉隨我一同巡訪蜀郡各地，一來了解民情，二來尋求賢才，以助我治蜀。」

王錣連忙躬身答道：「郡守既不辭辛勞，如此忠君愛民，在下敢不從命！」

送走王錣，李冰當晚即修書一封，稟明從王錣處了解到的情況，並向秦昭王表達了兩個請求：一是請准許李冰代表秦王祭祀江水、岷山及望帝諸神，在蜀民常祭祀處設立神祠，年年奉祀，永為定制。二是請求昭王委派一兩名水工及巧匠赴蜀，以助治水和建設。

第二天一大早，李冰將書信交與二郎，並向他詳細交代了自己的想法，便命二郎帶著幾名隨從，趕赴咸陽。

王錣受到李冰雷厲風行的作風所感染，用過早飯後便早早來到郡守府，準備為李冰帶路巡視各地。

李冰見了王錣很是高興，道：「我已派小兒二郎前往咸陽面見大王，請求大王派水工前來襄助。在水工到來之前，還請王郡尉陪我巡視各地，多了解民情。」

王錣道：「在下昨夜便盤算此事。我認為郡守可先巡查成都，然後西行至郫邑，再到都安。郫乃蜀國舊都；成都則是張儀、張若二位郡守所建都邑，人物輻湊，最為繁華；而都安不僅是大江出山之地，也是山中蜀人出山必經之路，還是大江別出沱江的所在，蜀人也於此祭祀江水神、岷山神，實為治蜀的重要之處。不知郡守意下如何？」

李冰道：「如此甚好。若可行，我還想去新都谷看看。」

王錣笑道：「大人真是心繫百姓啊！不過在下以為，新都谷自然要去，只是最好等水工到來之後再去，屆時這洪水如何治理，也好有個商議。」

「也好，咱們先去成都城裏城外走一遭吧。」說著，李冰便叫上三五個隨從，由王錣引路，邁步出了郡府。

這成都城乃惠文王時張儀創建，後來張若任蜀守，又在其西建小城，而稱原城為大城。二城相連，東部大城為郡府所在，周回十二里，四面各有一門，北門名咸陽門，李冰來時即由此門進入，東門、南門、西門分別名陽城門、江橋門、宣明門。小城周回八里，無東牆，依大城東牆而建，二城由宣明門相通。整個成都城仿咸陽之制，故又號「小咸陽」。只見無論大城小城，閭里街衢，鱗次櫛比，端直整齊，青瓦白牆，十分潔淨。大城設有鐵官、鹽官，小城則設糧市、錦市、筐市、菜市等市場，各有長官管理，秩序井然而不失熱鬧繁華。蜀郡雖與外界交通不便，然蜀地自身沃野千里，加之周邊各道蠻夷往往來此買賣物品、尋求雇傭，故而成都城便成為巴蜀周圍的一大都市。

王錣引領李冰先看了大城中的百姓里居，接著便行至各官府衙署所在。郡守府邸在大城東北角，各衙署則在其南。當眾人行至鐵官門口時，李冰停下腳步道：「王郡尉，蜀郡的鐵器極富盛名，不如我們前去一觀如何？」

王錣頭前引路，一邊走一邊對李冰道：「蜀郡物產富饒，鐵器更天下聞名，這裏不僅鐵礦豐富，鍛鐵技藝也十分高超。」

正說話間，就聽東面臨街有家鐵匠鋪傳出叮叮噹噹的鍛鐵聲來。李冰走近看時，只見兩位鐵匠師傅皆打著赤膊，胸前圍著牛皮圍裙，一人在南，雙手舉著大錘，猛力鍛打著鐵砧上的一塊燒得通紅的鐵片；另一人左手以鐵鉗夾住鐵片，右手拿著一把短柄鐵錘，與對面之人輪番敲打著燒紅的鐵片。從鐵片的形狀看，似乎是一柄鋤頭。

正看時，門外進來一人，看樣子是位農夫，青帕罩頭，葛布單衣，肌膚黝黑。來人對鐵匠喊道：「呵呵，這屋裏可真熱！前日我託你打的鐵犁和鋤頭可打好了？」

「昨日已打好了。請稍候，我這就給你取來。」一手拿鐵鉗、一手拿短錘的那位鐵匠說著，撂下手中的鉗、錘，轉身進裏屋去了。

很快，鐵匠兩手分別拿著一把鐵犁頭和一把鋤頭走了出來，遞與農夫道：「你看可滿意？」

農夫用拇指拭了拭犁、鋤的刃部，點頭道：「老兄手藝果然名不虛傳，好！好！」

李冰順眼看去，見兩把農具很是厚重，而刃部泛著青光，看上去甚是鋒利。於是轉身對王鎰說道：「王兄所言不虛，這鐵匠的手藝就十分了得，將來治理水患，少不得這些鐵製工具。」

李冰當即命人告知鐵市長，命郡中鐵匠從今日起，若有空閒可盡力鍛造斧、鑿、錘、鍤等工具，不拘多少，儘管打造，以備來日治水之需。開山鑿石、築堰修堤，都少不得這些工具，到時候定會派上用場。

王鎰引著李冰又略略看了一遭，便由宣明門進入小城。小城雖小，然而做買做賣、行商坐賈的各色人等穿梭來往，熙熙攘攘，卻是遠比大城熱鬧。

宣明門內第一個市集便是糧市。進得市門，只見兩旁列肆無數，稻、粱、豆、黍、粟、稷，五顏六色，堆積如山；大小車輛，肩挑手扛，有往裏運的，也有買了往外走的，很是繁忙。

王鎰對李冰道：「去年幸無水災，喜獲豐收，百姓可謂家給人足。今年又幸得大王免去蜀郡田賦，故而這糧市才如此興旺啊。眼見夏收在即，又是個豐年，只盼今年也無洪水，那就再好不過了。」

「是啊，蜀地物華天寶，只是這水患害得百姓只能仰天吃飯。我等為民父母，豈能坐視不管！」李冰看著這繁華的市集，不覺喜憂參半。

離了糧市，旁邊是錦市，更有另一番熱鬧。綾羅綢緞不僅色彩豔麗，蜀錦織工技藝之巧，更是天下絕倫，只見錦緞上織就的花紋，龍蛇盤繞，鸞鳳齊飛，虎騰豹躍，鶴鳴鹿馳，雲雷翻滾，日月生輝，還有各種花草紋、藤蔓紋、菱形紋、水波紋等，真令人眼花繚亂，歎為觀止。李冰等人看了真是讚不絕口，想不到僻處西南，蜀錦技藝竟有如此成就，令人慨歎。

錦市再往西則有筐市。筐市是蜀郡所特有的，因蜀地多竹，當地人將竹子破為竹篾，編成各種筐、簍、箕、畚，以及簦、笠、籠、箱等器具，乃至編織出各種花紋，甚是精緻美觀。

李冰看罷，不免又想到治水之事，於是轉身對王綴道：「王郡尉，這筐市於治理水患也頗有價值，你不妨讓主管的長官也像鐵官那樣，讓百姓多多準備筐、畚等器具，將來以盛土石。」

王錣笑道：「難得郡守有心。不過這筐市雖有長官管理，但主要職責是維持市集秩序，同時收取賦稅，其生產則非官營，與鹽、鐵不同。另外，蜀地盛產各種竹子，百姓日用也多竹器，郡守是沒見到當地百姓製作竹器的本事，這簡單的筐、畚等器物，應該不必提前準備，足用！足用！」

李冰也笑道：「如此說來，是我多慮了。」

第二天，王錣帶李冰等人巡查了鹽市。鹽、鐵在當時百姓生活中日益重要，皆由官營，故而專設於大城內，其他商業則在小城。進得鹽官衙門，李冰覺得較鐵官冷清不少，走了幾家店鋪，買賣不多倒也罷了，連店裏儲存的鹽也較少。

李冰轉身對王錣道：「王兄，鹽乃日常必須，可這鹽官何故如此冷清呢？」

王錣歎道：「哎！大人有所不知。蜀郡本地不產鹽，蜀國之時，巴國東部有鹽泉，蜀民所需之鹽皆由巴來。我大秦攻佔巴蜀時，楚人乘機佔領了巴東，後來張若率軍屢次攻楚之黔中郡，其中一個重要目的就是巴東鹽泉，然而楚人也屢次奪回。所以巴、蜀二郡用鹽當下東限於楚，而從北方關中運鹽又道路艱險，據說西北大山之外倒是有鹽湖，只不過路途遙遠難通，也是遠水不解近渴。眼見蜀中人口日繁，這鹽卻成為一大難題啊。眼下主要仰賴從關中轉運至此，但僅能勉強維持，時有短缺，我等看著也是無能為力啊！」

李冰低頭沉思道：「不對啊。據我看來，這蜀中形似巨盆，照理說地下應有鹽鹵匯集。之所以不見舄鹵之地，主要是雨水較多，將鹽份深深壓至地中而已。巧在不才略識地下水脈，待我們巡視各地之時可加留意，或許能找到鹽。」

王鏦大喜，道：「郡守真是博學多識啊！若能在蜀地找到鹽，那可是萬千之喜啊！」

王鏦就這樣領著李冰在成都轉了三天，基本上便將成都的情況摸清楚了。第三天結束時，李冰提議明日西行，趕赴郫邑。

次天一大早，李冰仍是早早起身，洗漱、用飯後匆匆收拾了幾件衣服，便命人去請了王鐩，往郫邑進發。走了近一整天的路，不知不覺間已是廣都地界。李冰等人覺得甚是乏累，正想尋一處地方歇腳，忽見前面圍了一群人，似乎正在看一件稀奇之物，有的人神色不安，好像還在議論著什麼。

李冰走至近前，問眾人道：「諸位在圍觀何物？」

這群人中有人認識郡守大人，於是躬身答道：「回大人，我等在此開挖河道，不曾想挖出一股泉水，然而這水與一般的泉水不同，又苦又鹹，還有點發澀。我等眾人極為惶恐，不知是不是挖土得罪了土地神？正商議是否要報告官長。您來得正好，請郡守大人明斷。」

李冰聽完，分開眾人，走近看時，見一股泉水從地下汩汩而出，水不甚盛。李冰俯身用手捧著嘗了一口，果如那人所說，苦澀而鹹。李冰又抬頭四望，看了看附近的地表，眼光再次回到那泉眼處，注視有頃，然後抬頭看著眾人，哈哈大笑，道：「諸位，我等必須感謝上蒼，這泉水乃是一口鹽泉！」

眾人看了郡守大人的反應，很是困惑。李冰解釋道：「大夥兒知道，咱們蜀郡缺鹽，前幾日我曾去鹽市，已然得知這一狀況。但我當時就以為，蜀郡成都一帶狀如巨盆，照理說應有鹽份匯集地下，今日果然發現了。這泉水中所含鹽份極高，咱們將這水放入鍋中煎煮，便可製出鹽來。這豈不是上蒼的恩賜嗎？」說著，李冰對著泉水跪了下來，眾人也跟著跪下，一起鄭重地拜了三拜。

跪拜後，李冰命人找來鹽官，讓他負責在這鹽泉周圍挖一口鹽井，便可開始煮鹽。這口廣都鹽井乃是蜀地第一口鹽井，之後更在蜀郡各地開挖了多處鹽井，從此蜀郡不僅不再缺鹽，而且號稱「盛有養生之饒」。

致祭望帝

郫邑在成都西北約百里處，路途並不遙遠，但李冰一路上或是下到田間查看莊稼的長勢，或是與勞作的農夫攀談，以了解百姓生活的情狀，這樣走走停停，這一百里路就用了四五天的時間。

此時天氣日漸炎熱，田間稻穀眼見就要收割了，子規哀啼，在田野密林間聲聲不絕。蜀民每聞子規啼叫，往往駐足遙望，有些老人家甚至落下淚來。李冰對此看在眼裏，記在心頭。

直到第六天，李冰一行人才趕至郫邑城外。遠遠望去，郫邑地勢略高於四周，實際上是建在一塊土丘之上。郫邑城牆高可六七丈，與成都相近，只是周回也不過七八里，與成都小城差不多，然而這在當時已算是一座不小的城邑了。而與成都不同的是，這裏的居民無論服飾裝扮還是言行舉止，皆頗有古風。李冰看了不免心中奇怪，便問王錣道：「王郡尉，我看郫邑百姓與成都很是不同，兩地相去並不甚遠，敢問這是何故？」

王錣笑道：「郡守有所不知，這郫邑原是望帝杜宇所都，蜀人受杜宇之化，迄今各地無不奉祀，乃至巴人也往往祭祀望帝，以求豐年。而巴蜀各地中，又以此郫邑受杜宇教化最深，也最遵杜宇之遺風，故而與別處不同。」

「哦？這郫邑縣令如今是何人擔任？」

「郫邑令申暢，乃是隴西人氏，到任已三年。」王錣答道。

李冰說：「我有心起用蜀人擔任此職，王兄以為如何？」

王錣對李冰的提議甚感突然，不無疑惑地道：「前些年蜀人屢有叛亂，這才安穩了沒幾年，大人若起用蜀人任郫邑令這麼重要的職位，是否會有風險？在下愚鈍，未明大人用意，還請大人明示。」

「王兄，以前蜀人叛亂，乃因民心未安，我尊用蜀人，正是為了安撫民心啊。」李冰意味深長地道：「記得郡尉說過，蜀人最尊之神，除山水之神外，人神便是這望帝了。

一路走來，子規啼處，人思杜宇，我還想在這郫邑城中重修望帝祠，好好祭祀一下這位蜀地聖王。」

王鎹聽了感佩不已，連聲道：「郡守高見，非在下所及，佩服！佩服！」

說話間，二人已進入郫城東門，李冰便讓王鎹引領，直奔申暢的縣府。

由郫邑東門進得城來，右轉大約走了二三百步，便是縣令的府邸。申暢得知郡守、郡尉駕到，慌忙迎至門外。

王鎹解釋道：「郡守新到郡中便巡視各地，主要是希望能夠儘快了解民情，為蜀郡百姓興利除害，造福一方。故而來至郫邑，想向申令了解些情況。」

申暢這才長出了一口氣，忙道：「原來如此。李君愛民如子，令人感佩！兩位大人裏邊請吧。」

三人進了縣府大堂，申暢命人採來荔枝請兩位大人品嘗。李冰這還是第一次吃到這種水果，放入口中只覺香甜爽滑，沁人心脾。

「這荔枝著實美味，名不虛傳啊！」李冰讚許道，「申令，我在來的路上見田間農夫野老，莫不對望帝深懷敬意，至為思念。不知這郫邑之中可有祭祀望帝的祠廟嗎？」

申暢欠身答道：「郡守容稟。巴蜀百姓莫不將望帝奉為神明，故巴蜀各地多有祭祀之所，這郫邑乃望帝舊都，自然與別處不同。故老相傳，望帝讓位於其相開明，自己遁入西山修道，所以當地人在郫邑南門外為他建了衣冠塚，並在塚前築起一座高壇，上有祠堂，便是祭祀望帝之處了。」

「哦。那麼平日裏百姓是如何祠祭望帝的呢？」李冰問道。

申暢答道：「郡守來的正是時候，眼下正是子規啼遍的時節，此處祭祀望帝便在七日之後的五月五日，若大人在此多盤桓幾日，屆時下官陪您和王郡尉一同前往觀看。」

李冰擺了擺手，道：「這真是太好了，不過我不是要去觀看，而是要親自祭祀。」

李冰此言一出，申暢不免有些詫異，道：「郡守是說您要親自祭祀蜀人的望帝？他可是蠻夷之神！」

李冰兩眼含笑道：「中令何必驚訝。當年太伯入吳，斷髮紋身，不害其賢明。望帝為蜀人聖王，我身為郡守，祭祀一下，有何不妥呢？」

當下李冰便命申暢佈告百姓，郡守要親自祭祀望帝，並請當地德高望重的三位老人與郡守一起主持祭禮，請遠近百姓盡量前來觀禮，一同祭祀。

佈告一發出，頓時引得遠近轟動，聽說新任郡守要親自主持祭祀望帝，不僅闔縣上下紛紛前來，就連成都，甚至臨邛的不少百姓也風塵僕僕地趕來觀禮。一時間，郫邑之中已住不下這許多人，人們便在南門外以竹子、樹枝、茅草搭了不少窩棚。

連續七天，李冰每日齋戒沐浴，並存問撫慰老弱孤寡，尋訪拜會耆宿賢達。同時，李冰命人根據當地禮俗準備祭禮所需物品，並特意叮囑申暢備妥牛、羊、豬三牲，他要以華夏最高禮儀來祭祀望帝。

轉眼到了五月五日，李冰早早起身，沐浴更衣，穿戴整齊，與王錣、申暢等一起用過早飯後便往南門而去。只見一路上熙熙攘攘，全是去參加祭禮的百姓，出了南門，更是人山人海。

到達望帝祠時，一起主持祭禮的三位耆宿長老早已等候多時。李冰與眾人見過禮後，便與三位長老攜手登上祭壇，面東而立。只見旭日東升，林原莽莽，稻田彌望，陂池星佈，溝壑縱橫，鳥鳴魚躍，生機無限。

此時，子規哀啼，在平原曠野間，聲聲不絕。

李冰命人將三牲、玉帛及各種時蔬鮮果、五穀酒醴等祭品一一擺上，與三老一起對著望帝的神位，長跪而拜。拜了三拜，李冰起身，站在神位前酹酒而祭。祭壇下眾人皆呼萬歲，許多人已激動得以衣袂拭淚了。

李冰鄭重地望了一眼眾人，壇下頓時鴉雀無聲，他再次面向神位，朗聲道：

惟王三十五年五月吉日庚辰，大秦蜀郡守冰於沱水之陽、郫都之南，敬祀我蜀先聖明主望帝杜宇。天遣聖主，照臨蜀土，教民稼穡，開荒田畝；教民蠶桑，燦我衣服，澤及百國，拓我疆域，百國來朝，無思不服，流惠萬世，永保我土！冰親率我蜀千萬子民，致祭於望帝神前，哀哉尚饗！

李冰聲音洪亮，聽得百姓莫不熱血沸騰、熱淚盈眶。眾人仰望祭壇，只見李冰對身後侍從一擺手，大聲道：「致祭！」

立刻有人迅速上前，將祭壇中間事先準備好的一大堆乾柴點著，頓時烈焰飛騰。餘下的人在李冰及三位長老帶領下，先是將玉帛投入火中，接著便將三牲等祭品一一投入火中。壇下的廣場中央堆了更高的一座柴堆，這時也同時點燃，各地前來觀禮的百姓，紛紛將帶來奉獻給望帝的祭品投進火中。

接著祭壇之上開始表演娛神的歌舞，有人穿著華麗的服飾，戴著猙獰的面具，頭上插著長長的雉羽，手拍著腰鼓，一邊跳舞，一邊高唱著，聽起來粗獷而激烈。隨著琴瑟簫管等樂音的彈奏，壇下廣場上，人們也開始跟隨壇上載歌載舞起來。祭祀活動達到了高潮。

致祭望帝，為李冰贏得了蜀民之心。由於來觀禮的百姓數以萬計，且來自蜀郡各地，消息很快傳開，眾人莫不打從心底崇敬這位新任郡守，並憧憬能一睹其風采，盼望他能為蜀郡百姓帶來福祉。

祭祀完望帝之後，李冰便與申暢商議道：「申令，這些年你在郫邑縣令任上，守土安民，頗多建樹。連日來操辦望帝祭禮，我看你調度有法，能力出眾，便想到有一重任欲委託於你。」

申暢忙問：「不知郡守所謂何事？敬請示下，申暢定當全力以赴。」

李冰道：「蜀道之難，天下共聞，我來時路途艱難，頗有領略。在青雲驛時，驛吏告訴我，其家鄉商山之中曾建有棧道，我便想若能在褒斜道、石牛道也建起棧道，秦、蜀之間便成通途。一直以來未有合適人選堪任此事，今遇申令，便覺得非你莫屬啊！」

李冰頓了一頓，接著道：「我想奏明大王，委任你為葭萌令。葭萌（今四川廣元市西南）近石牛道，關山險峻，向來是蜀地要塞。你可先修建石牛棧道，若成功便可請示朝廷，連同漢中郡的褒斜道也一併由你主持修造。不知中令可否慨允？」

申暢沉吟道：「大人抬舉，在下不敢不從命。只是這棧道聞所未聞，更不知如何修造啊。」

李冰笑道：「中令儘管放心。青雲驛吏曾說，商山棧道是墨者鉅子腹　所建，我已探聽到這腹　雖已不在人世，但他有個弟子名喚唐姑果，現在朝中。我已派人向大王請求，派唐姑果的一兩名弟子前來蜀郡，助我修建橋樑、城郭諸事，屆時便可請他們幫助你修造棧道。」

申暢喜道：「郡守真是深謀遠慮，申暢惟大人調遣！」

李冰道：「如此，我先謝過申令了。還有一事，就是這郫邑縣令的人選，在你離任之後，我想起用蜀人，不知中令以為如何？可有合適人選薦舉？」

「大人祭祀望帝，深得蜀人之心，經此一事，申暢已五體投地。大人又欲任蜀人為郫邑縣令，想來也是得民心之舉。只是如此重任，必得極為可靠之人方可擔任……」申暢略加思索，接著道：「郫邑倒有一位賢能之士，姓譙名通，可堪此任。譙通出身郫邑大族，本人長厚寬仁，惠行鄉里，德望夙著，又兼學識淵博，不僅精通本地掌故禮俗，而且對華夏典籍多所涉獵。譙通年方四十，擔當郫令是再合適不過了。」

李冰聽後大喜：「甚好！難得申令如此深明大義。我先向大王稟明此事，你可先做準備，待朝廷任命一到，便請赴任葭萌。」

勘測大江

處理好郫邑縣之事，李冰與王綴繼續往西北行進，不一日便到了都安。

這都安西臨江水，是建在玉壘山脈最南端山坡上的一座小城，此城西北是綿延不斷的高山，大江將這些山一分為二，西為邛莋山（今邛崍山），東為汶山（今岷山），山峰高處，積雪終年不化，由此往南、往東，地勢陡然平緩，便是蜀西平原了。江水在城西北上游不遠處因山勢所限，由南北轉而東西，繼而又往南流，一瀉千里，滔滔不絕；在城南則別出沱水，繞城而東，最後也流過新都谷，而新都谷口則有綿水、洛水匯入。

李冰抵達都安時已是五月下旬，天氣炎熱，連日來陰雨連綿，他決定先拜訪當地蜀民的頭人。正如王錣所言，此地不僅是江水出山之處，也是山中蜀民出入大山的必經之路。山中蜀民多氐、羌之族，與平原蜀民本非一類，故而他們有自己的社會管理組織方式，以此城而言，就由一位在山中蜀民中頗負威望的頭人進行管理。

無論成都還是郫邑縣，要與山民交涉任何事務，大都需通過此頭人進行。此人姓楊名磨（氐、羌崇拜羊，故多以「羊」為姓，與華夏交往中漸漸改為「楊」字），年紀三十有餘，生得黝黑瘦高，兩條細長腿，一對招風耳，頷下略有鬚髯，雙目炯炯有神，顯得十分幹練。與一般氐、羌山民不同，他不僅能聽懂華夏的語言，說得也十分流暢。

李冰見了楊磨，略作寒暄後便說明來意：「我此次前來是想勘察情況，以治理水患。

楊頭人自小生長於斯，可否助我一臂之力？」

楊磨大喜，抱拳道：「郡守前日在郫邑祭祀望帝，回來的人都說您會為蜀郡帶來福祉，今日一見，果不其然！郡守有何吩咐，楊磨無不聽命！」

李冰高興道：「如此，李冰先行謝過了。我知道蜀中洪水主要來自大江，故而有意想溯流而上，探查大江之源，看看究竟如何方能治理得了這條『孽龍』。不知頭人可否帶我前往？」

楊磨一聽此言，有些猶豫地說道：「郡守，此去山中大江上游，山高路險，野獸出沒，並且又是多雨之時，山洪隨時都可能洩下。我們山中草民也就罷了，您貴為郡守，豈可以身犯險啊？」

李冰正要說話，門外侍從跑進來道：「啟稟郡守，二郎回來了！」說話間，二郎已匆匆趕了進來。

李冰喜出望外，道：「二郎快起！你回來得好快！我向大王請求的兩件事如何？快快講來！」

二郎站起身，擦了一把臉上不知是汗水還是雨水，道：「父親的請求，大王都答應了，並命孩兒轉告父親，蜀中之事不必事事請示，可便宜行事。」

李冰十分激動，以至於兩手都有些微微發抖，他眼裏放射著光芒，問道：「水工可曾帶來？」

二郎答道：「有兩名水工及一名巧匠，正在門外等候。」

「快請！」李冰說罷起身相迎。

三名工匠進來與李冰見過禮後，二郎指著左邊四十多歲的中年人和他身後二十出頭的年輕人介紹道：「這位是水工徐青，這位是他的弟子鄭衍。」又指著右邊一位身著葛衣、腳穿草屨，手上滿是老繭，一臉風霜之色的中年男子道：「這位是墨者唐姑果先生的弟子唐正。」

李冰大喜過望，一一與眾人見禮，並請眾人入座。

接著，李冰對王錣、楊磨及眾人道：「現下我們人手已經齊備，可以進行實地勘測了。我看咱們可分成兩隊，一隊就辛苦王郡尉帶領，由此東行，沿沱水進行勘測，看能否將江水引到成都，並探明如何將水分流，可否拓寬新都谷以洩洪。這是個極艱巨、極重要的任務，由徐青、唐正二位協助，諸位以為如何？」眾人點頭道好。

李冰接著說：「另一隊由我帶領，請楊頭人做嚮導，鄭衍負責勘測，由此沿江水上行，目的是探查究竟如何才能控制江水進入平原的流量，以減輕、消除水患！」

聽聞李冰如此計畫，楊磨站出來道：「郡守，此時多雨，洪水隨時可能發生，溯江而上甚是危險。要不就由我陪鄭衍去吧。」大夥兒聞言也都紛紛勸說。

李冰擺手道：「既然楊磨兄弟等山中百姓可在此時出入，為何我就不能行走？我意已決，二郎與我同往。今天列位先好好休息，明日便啟程！」眾人聞言十分感動，也都不好再說什麼。

第二天一早，眾人稍作準備，兩位水工及唐正帶上各自的規矩、準繩、水準等工具，其他人也準備了一些必需品，兩隊人各帶了十餘名隨從便分道揚鑣，各自上路了。

單說李冰一行，由楊磨做嚮導，沿著大江東岸向上游進發。剛離開都安西門，就聽見水聲轟鳴，震耳欲聾。李冰等來至江邊，只見連日大雨之後，江水已然暴漲，裹挾著泥沙石子、枯草敗枝，由山中呼嘯而下，濁浪滔天，衝擊著岸邊的山石，激起數丈高的浪花，聲勢威猛，攝人心魄。

李冰道：「楊頭人，這江水還會再漲嗎？下游是否已經受災？」

「江水還會再漲，大人請看左邊那塊山石。」楊磨指著往南不遠處山體突入江中的一塊巨石，「若江水沒過此石，下游便可能要受災了。」

李冰舉目望去，見那塊山石露出水面約有七八尺，江水沒過它似乎並非難事，深感此行任務之緊迫。他轉身對鄭衍說道：「鄭衍兄弟，咱們的任務是一路勘測江水的高程落差、水勢大小、地形地貌，以便決定在何處、如何對江水進行分流、調控。你看從這裏開始勘測、繪製地圖如何？」

鄭衍躬身答道：「郡守，咱們就從剛才說的那塊山石開始吧。」

說著，他從背著的一個寬約二尺、長三尺多的皮囊中取出水準、準繩等，在二郎和一位隨從的幫助下，開始測量巨石處江水的高度、深度，以及江面的寬度等。每測一次，都在繪製地圖的絹帛上作了紀錄，同時命人將資料刻在所測路旁的大樹或岩石上。

李冰看他測得仔細，很是高興，也在一旁幫他測量。就這樣，他們一路測量，每行進一二百步，便測量一次，且行且測，在山谷中慢慢前進。

原來這大江兩岸，山勢略有不同，西山為邛莋山，山崖高聳，壁立萬仞，直插雲天；東岸的岷山，一則沒有邛莋山之高，二則雖也不乏高峰，但由谷底到山頂的坡度較緩。如此一來，由東南來的水氣受邛莋山之阻，便易形成降水，而人們進出大山，也多在東岸緩坡行走，久而久之便形成了一條還算好走的通道。這條路原本是溝通隴、蜀的一條捷徑，只因處於深山密林之中，且為氐、羌、冉、駹等蠻夷所佔據，故而一直未為秦國所用。

楊磨經常由此進出大山，對道路環境十分熟悉，又加上他在山中各族中威望夙著，李冰等人不僅避免了道路上的危險，與各部族百姓也能和睦相處，故而除了跋涉之勞外，倒也平安無虞。

不知不覺間，他們已經往山裏行進了六七百里，雖值雨季，還是感覺水量明顯變小，水勢也弱了許多。剛入山時，河面寬里許（約四百五十公尺），水深七八丈，而此時不過三十步（約四十五公尺），水深不過丈餘，再無下游駭人的聲勢。

楊磨對李冰說道：「郡守，前面不遠的城邑叫做作湔氐道（今四川松潘附近），由此再往前十餘里，喚作白馬嶺，過了此嶺再行七八十里，便是相傳山中各部族的起源之地，那裏一馬平川，有的是清溪綠草，再無惡水險山。到了那邊，也就到達大江的源頭了。」

李冰道：「太好了！哈哈，那咱們就到楊兄的祖籍去看一看！」眾人聽罷也提起興致，加快了腳步。

過了湔氐道又走了十餘里，果見前方有座大山，即便已是盛夏，山頂依然白雪皚皚，雪線之下是黑森森的高大冷杉，密匝匝裹在山腰。再往下，山坡緩處則是一片片鮮綠的草甸，好似新織就的錦緞一般，微風過處，在陽光下閃著亮光，鑽出草甸上面的，是紅、黃、藍、粉等各色花卉，引得大大小小的蝴蝶翩翩飛舞，真比錦緞上的刺繡還要豔麗百倍。

見此美景，眾人不覺精神大振，神清氣爽。

江水在白馬嶺處轉了個彎兒，李冰等隨水流左轉，往前看時，卻見兩岸壁立，崖壁上的山石層層如板，如同人工砌成一般，人行其下，彷彿進入一座巨大的門闕。從下往上看時，雙崖高聳入雲，巍峨之狀令人訝異。

眾人正自感歎，楊磨道：「此地叫做『天彭闕』，過此門闕，便是我等族人的故土了。」

楊磨看向李冰，神色鄭重地道：「郡守，我族人過此皆要祭拜，因為相傳此闕乃我遠離故土的族人亡魂返鄉的大門，這也是它喚做天彭闕的原因。懇請郡守允許我祭拜天彭闕。」

李冰正色道：「頭人說哪裏話來？我不僅允許你行祭拜之禮，我還想於此門前專設一祠，我等一同祭拜，並供返鄉的族胞行祭禮之用。你看如何？」

楊磨聞言，撲倒在地，對李冰行大禮，道：「楊磨謝過郡守！楊磨這就命人到左近山中召集各部頭人，前來為大人助祭！」

「如此甚好！我們祭拜天彭闕，各族的先人們必能保佑我等治水成功！」李冰激動地說。

這邊楊磨派人分赴山中邀請各族頭人，那邊李冰已與鄭衍、二郎等在天彭闕前選就一處較開闊的平地，並開始命人四處搜尋石料、砍伐木材，準備修築祠堂。

三日以後，一切準備停當，各路頭人及許多部族成員也陸續趕來，李冰按照他們的習俗進行祭祀。因自己不熟悉當地的祭祀禮儀，李冰請兩位德望俱隆的頭人主持。

儀式先是在天彭闕的崖壁上、祭祠周圍及大江岸邊插上五顏六色的絹布絲條，然後以柏枝、艾蒿、杜鵑樹枝等準備了一個巨大的柴堆，上面放上黍、稷、麥、豆及時蔬鮮果等。接著舉行迎神歌舞，並點燃柴堆，但不讓柴燃燒，而是有十數人圍著柴堆，一邊手舞足蹈，口中唸唸有詞，一邊不停地往柴堆上灑水，柴堆頓時濃煙升騰。因為所用乃是柏枝、艾蒿、杜鵑樹枝等芳香濃郁的枝葉，所以煙霧芬芳馥郁，升騰而上，以饗天彭闕之神靈。另外，族人們還殺羊百頭以祭各族先人的亡靈，沉璧十雙以祭祀江水之神，祈求祖先、江神與闕神一起保佑各族百姓風調雨順、五穀豐登、人畜平安。

祭祀天彭闕不僅使李冰在山中蜀民心目中的威望得以樹立，也使各族百姓空前團結。最後李冰對大夥兒說道：「咱們大家共同生活在蜀郡，下游有水患，咱們上游百姓的生計同樣會受影響。今天在此祭祀闕神、江神和各族先人，我相信他們會護佑我們將江水治理好，消弭水患，永世安瀾！」大家都知道新郡守是在為整個蜀郡子民謀福，紛紛表示願為治水奉獻力量。

儀式結束，送別了各族百姓，李冰一行繼續往前。果如楊磨所言，過了天彭闕不久，便是一片十分寬闊的平川草原，極望處才是雪山。這裏的江水已是極小的溪流，再無山谷中江水奔流的轟鳴聲，再無兩岸崖壁高聳、到處密林榛莽的逼仄。有的是奇花異草，馥郁芬芳；有的是溪水遍地，涓涓汩汩；有的是鳥鳴嚶嚶，草蟲喓喓；有的是白雲悠悠，牛羊成群。一片靜謐，一派祥和。

李冰望著眼前的景致，不僅歎道：「呀！這裏真是天國啊！怪道族人們說天彭門內是天國呢，果然不虛！可大夥兒為何都離開天國，跑到大山裏面去了呢？」

楊磨從旁道：「大人試往四周觀看。雖然這一片土地極美，但不遠處便是雪山，地方狹小，容不得許多人口。更可悲的是，我等祖上在此居住時，放牧打獵，十分富足，卻不知從哪裏來的外族強盜探知此處，便飛馬來襲。此地平川曠野，易攻難守，頓時血流成河。我祖上幾乎滅族，無奈，此後只得搬入大山之中。後來的部族也是如此，於是天國便成空地，祖上老人們都說，天國是神靈的居所，不適合生人居住，所以那天彭闕便成為亡靈升天之路了。」

李冰不覺憤憤道：「殺伐戰亂，天國也會變成鬼國！百姓皆是天生地養，都有父母兒女，相殺相搶，又是為何呢！」眾人聽了也莫不面露怒色，握緊了拳頭。

擘畫藍圖

大江的源頭已然探明，李冰帶領眾人開始往回走。一邊走，李冰一邊詢問鄭衍，從何處下手更容易遏制洪水。

鄭衍拿出已經繪製好的地圖，道：「郡守請看，自距都安二百許里的汶山往上，水流皆不甚大，在汶山附近西岸有一支流匯入，江水始大，可見汶山以上是無足慮的。而自汶山下至都安的高差，以水準所測累加，竟達二百二十餘丈（約合五百公尺）！二百里間高差如此之巨，無怪乎都安以上的水流會如此湍急。如此湍急的水流欲加遏控，是無法做到的。」

李冰皺眉道：「難道這水就無法治理了嗎？」

鄭衍道：「郡守，我看治水之所不在別處，就在都安。江水在都安西北白沙河匯入之前拐了個直角彎兒，故雖有白沙河匯入，水量增加許多，但水勢反倒減緩了不少。再者，都安雖是江水出山之處，由此進入平原，但主流南下，河道極寬，較少氾濫之虞。真正對成都等地構成水患威脅的，實為從都安別出東行之沱江。因此，若能控制沱水水量，大概水患就無憂了。而若能控制沱水水量，則有望使都安至成都之水運航道安瀾無波，豈不一舉兩得？」

李冰點頭認同，道：「我們兩隊分工的目的也在於此。沱水對江水的分洪反倒招來洪災，其航運功能也大打折扣。現在所慮之處，一是如何控制江水進入沱水的水量，二是沱水在成都南北可否再分出一條或兩條支流，以減輕洪水之壓力。」

鄭衍道：「郡守所見極是。咱們不妨回到都安與我師父一隊匯合，然後再商議一個萬全之策。」

在李冰等人回到都安時，王錣也正率領著徐青等人在返回都安的路上，他們較李冰晚到了一天。待眾人回到都安，李冰見王錣等人個個衣冠不整，一身疲憊，趕緊問道：「諸位辛苦！看你們的樣子，沒出什麼事吧？」

王錣道：「郡守，你們這次進山平安歸來真是太好了。我等雖疲憊已極，卻不曾有傷亡，百姓可就慘了，成都以南，沱水滿溢，平地水深過丈，百姓傷亡不計其數啊！」

李冰聞聽大驚，忙問：「如今大水可曾退去？」

王錣道：「我等來時，水已小了許多，現在大概已經退了吧。好在徐青早有預見，在之前途徑沱水流域時就告誡當地官吏，若見沱水漲過某處，便命百姓儘快就近遷往高處躲避，但即使如此，死傷之眾也是慘不忍睹啊！」說著，他身後眾人幾乎都流下淚來。

李冰咬牙恨道：「可惜不能早些制住這孽龍！事已至此，諸位且先吃點東西，早些休息，咱們明日商量對策。」

一夜過後，大夥兒精神恢復了不少。

李冰召集眾人前來，先對王鎩說道：「郡尉，既然百姓受災嚴重，這會兒定然正在忍飢挨餓，少不得還得辛苦你一趟。好在前幾年略無水患，各地豐收，存下不少糧食。你可調集人手，郡中駐守官兵盡可差遣，火速從成都、郫邑等地糧倉調配糧食，賑濟災民。待洪水退去，儘快搭建房屋，妥為安置，此事還請唐正先生相助。」

接著又轉頭對二郎道：「我兒可協助王郡尉賑災安民，有何困難，及時來報。」

王鎩、唐正、二郎皆領命而去。

李冰接著對徐青道：「徐公，我與鄭衍勘測了都安以上的江水情況，現在想聽聽你對沱水及平原地帶勘查的看法。」

徐青道：「徐青正欲向大人稟報。我與王郡尉、唐正等沿沱水往東南走，一直行至江陽，即沱水再次匯入大江之處，然後再沿綿水、洛水相匯後北上流往沱水的北江，過新都谷，自成都、郫邑迤北往都安返回。半路得知南部沱水暴漲，誰知等我們趕去，沱水已漫溢成災。」

徐青簡單介紹完他們的行程，接著說：「據我等勘測，這成都平原也存在較大高差。整個平原如一巨扇，都安乃扇面把柄處，最高，東南江陽最低，而都安至郫邑、成都一線，則宛如扇面中間凸起之扇骨，略高於兩側，二城建於高處，不易受災，大概正是古人選址於此的原因吧。這扇骨便隱然成為南北之分水嶺，北側之洛水、綿水流出岷山之後，於平原之地皆漫流為十餘小支，極為混亂，但最終又都匯入新都谷而成北江；扇骨南側則主要是沱水。」

李冰聽罷，略帶沉思地問道：「那麼依徐公之見，平原洪災如何治理呢？」

徐青道：「據在下所見，這扇骨以南，主要是沱水為災，扇骨以北，則主要是洛水、綿水為災。二者之中，又以沱水為重，因沱水來自江水，每年流量較為穩定，水患雖非每年都有，但發生頻率較高、可能性較大。而綿水、洛水降雨量較江水流域小，且不甚均衡，故而發生洪災不如南部頻繁，然而如若發生，後果也十分嚴重。」

說著，徐青從懷中取出一卷錦帛展開，原來是徐青根據勘測繪製的河道線路圖。根據勘測，他設計了三條河道，北部一條，由都安分出之後略向東北行，然後東南直走新都谷口，以匯集北部散漫之大小河流。中間一條經郫邑北，然後南過成都，與南支相匯，這中間再利用一段原沱水故道，東分一支走新都谷口以利分洪。南支則向東南行，經郫邑南直走成都，與中支在成都匯合後南下，稍西行，後於武陽（屬今四川眉山市）重新匯入大江。三條河道中，南支最大，是分洪主力；北支亦不小，主要是為了匯納北部諸河；中間較小，且再分流，以免造成對成都之威脅。

李冰聽了徐青的介紹，想了想，道：「這個設計甚好，如此一來，北支以其源出湔氏，可名湔江；中支流經郫邑，可名郫江；南支嘛，就叫檢江吧，但願它能檢束洪水，使之不再氾濫。另外，河道定要挖得足夠深闊，一來能容納足夠多的洪水，二來可以行舟，有餘則可溉田。這樣就有兩條江流經成都，成都航運便可上至都安，下由武陽入大江，很是方便了。」

「然而，」李冰略顯憂慮地說道：「這平原河道的規劃尚非難事，關鍵恐怕還在如何控制進入平原的水量。」

徐青點了點頭，道：「大人所見極是，在下也以為治水關鍵在於如何從都安發源處控制其水量，至於北部水患能否根除，還需從新都谷口解決問題，即鑿寬新都谷口，這可絕非易事。」

李冰聽了，心中總算稍稍踏實一些，道：「徐公所言，與鄭衍不謀而合，我們也以為應從都安入手治理沱水。不如我等現在就去江邊就地參酌，看如何治理才是上上之策。」

眾人來至江邊，這次目標已較明確，齊齊看向沱水別流之處。看罷多時，李冰道：「徐公，我有個想法提出來供諸位參酌。諸位請看，江水自上游馳下，本是偏向左岸，而流至這虎頭岩處受阻，故折而向西，於西岸激盪而回，之後便湧入沱水水道。如此三折之後，水流方向正對沱水河道，尤其山洪下來之時，水流愈急，愈易沖入沱水，這就難怪沱水易發洪災了。」

徐青笑道：「郡守高見！因此治水之關鍵便是在虎頭岩前後，如何減少江水反覆激蕩的走勢，否則難以遏制進入沱江的水量。然而這虎頭岩……」

徐青一言及此，不禁遲疑不語。原來這虎頭岩乃是都安西北玉壘山南端的一個小尾巴，突入江中百餘丈，高可二十餘丈，宛如猛虎下山飲江水，故名。正因這虎頭岩的阻礙，江水才不得不右折，又轉而沖向左邊的沱水水道。

李冰靈光一閃，道：「若能斬斷這『虎頭』，開鑿一座如天彭闕一樣的水門，逼迫江水由此門流入沱水，則水量可控，水患可除矣！」

徐青搖頭道：「郡守，您說得雖然非常合理，可這是一座山，想要鑿開，談何容易啊！」徐青又望了一眼這雖不算如何高大的山體，更堅定地搖著頭道：「郡守大人，這種岩石十分堅硬，要鑿穿幾乎是不可能的。」

李冰剛想張口說話，楊磨閃身來至虎頭岩前，摸著堅硬的石頭，道：「我看鑿穿這小山固然不易，倒也並非全不可能。」

李冰聞言大喜，道：「哦？！你有何辦法？快說說看！」

楊磨轉身對大夥兒道：「我們山裏人時常外出打獵，經日不歸。記得我十四五歲時，有一次跟隨父親到山中打獵，天晚了便在山中過夜，在一個石頭窩裏點了一堆乾柴烤一隻野雞，準備當晚餐。誰知突降大雨，雞沒烤成，我們倒成了落湯雞，火也澆滅了。氣得我一腳把柴堆踢飛，還不解氣，便順手舉起一塊大石頭衝石窩砸下，不料砸得碎石紛飛，一塊小石頭崩在我腿上，頓時鮮血直流，後來還留下來一個小疤。」

說著，楊磨挽起褲腿，指著小腿上的一個小月牙似的疤痕給大家看。楊磨接著說道：「我忍著疼痛，有點不敢相信，一塊石頭如何便有如此威力？定睛看時，只見石窩中燒柴之處的石頭被砸下來一層。大概燒過的石頭再經水一激，已然變脆，輕輕一砸便粉碎了。因為自己受過傷，故而我對此事記憶猶新，我想若用此法，眾人齊心協力，鑿開這小山也許是有希望的。」

聽到這裏，李冰心中甚是激動，擊掌讚道：「好！甚好！」

徐青道：「確是個好主意，咱們這就試試如何？」

眾人齊聲道好，於是攀上虎頭岩的頸部，選了一處臥席大小、較為光潔的裸露出石頭的所在。楊磨命人撿來一堆柴草，用火鐮點著，柴堆一邊燒，一邊往上加柴，並將灰燼挑起，以便火能燒到石頭。約莫燒了半個時辰，楊磨便令一名手下迅速用木棒挑開火堆，另兩名手下每人舉起早已準備好的一大桶水潑在火燒過的石頭上，「嗞……」，頓時白煙騰起，似乎伴隨著石頭炸裂的聲音。過了一會兒，煙霧散開，楊磨等人走近看時，只見石面上已遍佈或粗或細的裂紋。楊磨轉身摸起一塊拳頭大的石頭，用力朝炸裂的石面砸去，只聽「砰！」一聲響，碎石飛濺，便砸出一個小坑來。

眾人見了，莫不大笑道：「楊兄真神力也！」「真是太好了！」

李冰當即說道：「如此一來，鑿斷虎頭便可降服孽龍了！這雖非一日之功，但已不是不可行之事了。楊兄應記首功啊！」頓了一頓，李冰接著道：「眼下已近秋收，入冬水少，便可動工了。」

此事解決，雖尚未開工，但已算是成功了一半，眾人莫不喜形於色。尤其是李冰，夜來高興得久久未能入睡，一會兒想著屆時如何調配人力，一會兒又想著如何在成都南北疏浚河道、開挖溝渠，直到耳畔響起雞叫聲，這才沉沉睡去。

接下來的幾天，李冰先是與徐青、楊磨等劃定了虎頭岩需要開鑿的位置，接著囑託楊磨招募壯丁，運用火燒水澆之法，開始動工。

為了更有效地治理水患，李冰召集王綴、徐青、唐正、楊磨、鄭衍等，又命人將大江沿岸的武陽、南安（今四川東山）、僰道等縣縣令招至成都，一起商討蜀郡治水事宜。

眾人聚齊坐定之後，李冰命人端來茶水，獻上新摘的蘆橘（枇杷）。一邊吃橘品茗，李冰一邊說道：「此次召集諸位前來，主要是商討治水之事。一是想告知諸位，自去歲至今，冰上任一年來所做之事；二是想聽聽諸位對治水一事可有什麼建議。」接著，李冰便將上任以來祭祀望帝、天彭闕並設立江水神祠、蜀山神祠等撫慰蜀民之事，以及勘測大江、沱水並開挖河道，壅江作堋、鑿斷虎頭等治水事宜一一向眾人介紹了一遍。

介紹之後，李冰道：「蜀郡乃福地，膏壤千里，物產之富，天下少有。此地江水之外，河湖遍佈，水善利萬物，這是蜀民之福；然而水火無情，洪水氾濫也極易成為莫大的災難。一年以來，我們盡力開山鑿石、疏浚河道，但距離治水成功尚遠。眼下雨季即將到來，務請諸位早做準備，萬萬不可出現去歲洪水氾濫、奪人性命的災難。此外，還請諸位各自談談可有治水良策，或者各自治下所在縣域有何隱患。咱們群策群力，定要將郡內水患根除！」

眾人聞言，莫不備受感動。武陽令宣彪當即發話道：「郡守大人，遏制水患僅僅是治水之始，大人設計的三分沱水之法確實高明，二水走成都，亦可帶來航運之便。然而下官以為，治水還有一個更大的好處。」

眾人聞言，無不傾耳以聽，李冰也道：「我等願聞其詳。」

宣彪道：「大人也提及這些河道在航運之餘可以溉田，然而下官以為，旱時灌溉，澇時排洪，正是這些河道最大之用途。目下列國紛爭，天下未一，國家亟需儲備戰爭物資，運兵運糧，修築城牆宮殿，當然離不開航運。但是所有這些，更離不開五穀豐登，百姓富足，所以下官提議，可在原開挖河道的基礎上再挖若干支渠，以利百姓旱時灌溉，澇時排水。此外，在河道旁可開挖若干湖塘，則可起到雨季蓄水，旱季供水之目的。」

李冰讚道：「此議甚好！這才是民之父母啊！請諸位暢所欲言。」

南安縣令岑芒道：「大人，南安乃三江交匯之地，江水至此又有沫水（今青衣江）匯入涐水（今大渡河），然後併入大江。沫水、涐水水量極大，尤其涐水比江水猶有過之。三江匯合之後，奔湧而南，因山勢所逼再漸漸向東轉去。由此而東，水勢雖大，卻被限定於高山峽谷之中，江水倒也不易氾濫，故而本地江水雖盛，水患倒是無足憂慮。只是這航道，三江匯合處有雷垣、鹽溉、縣溉等處，岩石橫阻江水，水急浪高之時，過往船隻常有觸礁沉沒之虞。」

僰道令祁商也道：「岑大人所說極是。江水雖說對平原一帶有水患之虞，而其航運之利則是更重要的，何況還有灌溉之益。當年司馬錯、張若諸將軍攻打楚國，所需軍糧等也都是依靠大江的航運。而這大江上除南安外，還有一處凶險難行處。大江由南安向東南行近三百里便轉而流向正東，這轉彎處即僰道。僰道江灘之中，山石暗礁不少，水流變急，舟船至此常有觸礁覆沒者。」

李冰聽罷點頭道：「兩位所言對治水皆大有裨益，舟船覆沒，豈不也是重大水患嗎？這些水患如何治理，容我等慢慢參酌。待北方各處佈置停當，我將與徐青、唐正等前往查勘，看究竟如何處置。」

商討結束之後，李冰總結了一下一年來蜀郡的情況，寫了封信給昭王，命二郎送往咸陽匯報。

壅江作堋

徐青曾為李冰講解了壅江作堋（即擋水、引水的堰、壩）之法，以為可順虎頭岩所鑿水口築一道長堋，以達引水、束水之功。但因秋雨尚多，秋收已在眼前，故而只能待到冬季來臨，江水減落之後再行壅江作堋了。

轉眼之間，秋收已近尾聲，李冰與王錣商議，開始派人招募壯丁，準備壅江作堋之事。然而尚未開工，大夥兒便遇到了難處：於江中築堋，江水湍急，普通土石難以築成，開鑿巨石又運送艱難。議論了幾日，依舊未能想出較好的解決辦法。

這一日，李冰攜同唐正、二郎到都安城郊巡遊，一面排解連日來商討無果的苦悶，一面也可了解百姓的生活。

一路上，只見百姓遍佈田間，正在搶收秋糧。秋風陣陣，荷稻飄香，荷塘片片，有人正在踩藕，整個人站在荷塘中，水深及胸，用腳去踩踏淤泥下的蓮藕，蓮藕折斷，翹出淤泥，便可取出了。還有人在甩網捕魚，這一帶的荷塘中往往同時養魚，如今正是魚肉膘肥的時候，一網下去，百數十斤活蹦亂跳的魚兒便可拖上岸來，漁夫臉上簡直樂開了花。道路右邊較多稻田，有的已然收割完畢，有的正在收割。

過了一道土崗，前面的路便與沱水並行了。李冰決定繞道沱水南岸，看看受災百姓的生活如今恢復得如何。

時間雖然僅僅過去兩個多月，這裏已經完全沒有了水災的痕跡。由於水災發生後時令已晚，百姓無法再種糧食，只得種了些蔬菜。除了王錣命人發放百姓賑災糧外，山丘林莽間有不少板栗、核桃等，如今也已成熟，人們採集來以補糧食之不足，勉強度日，倒也不至有餓凍之憂。看了這些，李冰心中總算踏實了不少。

行至晌午，眾人覺得有些飢餓，便尋了路邊一處水塘邊，於岸上坐著，取出隨身攜帶的一點乾糧，權且充飢。

吃著乾糧，李冰忽見水塘北邊有兩個青壯男子正在擺弄著什麼，還有四人正在用竹筐從不遠處的河岸邊往兩位男子處抬著什麼。

李冰好奇，走近了看時，見四人抬了兩筐石頭，有大有小，光滑溜圓，顯然是從河灘上取的鵝卵石，水塘邊的兩位男子則在擺放他們抬來的石頭。奇怪的是，他們是在往一個竹編的大長籠子裏放這些石頭，只見這竹籠長過兩丈，橫放在地上，足有半人多高。

李冰走近，高聲問道：「請問兩位仁兄，你們將石頭放在這竹籠裏是要幹什麼？」

東首年齡較大的那位男子抬頭看了一眼李冰，笑著說道：「先生有所不知，前些時候沱水氾濫，把我這魚塘沖毀了，小魚也沒剩半條。我等在這水塘北岸修築一道石堋，由此斜行，東南方不遠處便是一條水溝。但願若再發水時，我這石堋能起些作用，將水引至那條水溝，不至塘毀魚亡。」

李冰見他們將卵石塞入竹籠，雖然竹籠孔眼要大於每塊石頭，然而在大小石塊的相互擠壓下，倒也十分牢固，卵石竟然不會滾出來。幾道竹籠交錯排列，搭好一層後又再在上面搭一層，待搭建好後，往上面撒上幾筐碎石砂土，有縫隙之處便被填實了。

李冰看罷，不禁拍手大讚：「妙啊！簡直妙極！」

這時二郎等人也已站在李冰身後，唐正笑呵呵地道：「恭喜郡守！這都安壅江作堋的法子，就是它了！」眾人高興地齊聲大笑起來。

隨著秋收結束，江水也已回落了許多，李冰派人赴各地招募民眾，開始準備壅江作堋。人手已經齊備，李冰便招來鄭衍，問道：「鄭兄以為，這堋應如何修築？」

鄭衍道：「郡守大人，我師父曾帶我多次勘查江流，以為此堋宜長不宜短，可於白沙河口以東里許開始修築，一直修至虎頭岩下，長可三里半許；而在近虎頭岩處的可堋略低，遇有洪水，使之溢往外江。」

「師父還說，導水石堋需在內江部份略往裏凸，造成入口略寬、內裏略窄的漏斗口型，如是方可保證進水量。」鄭衍想了想，又補充道。

李冰道：「好。看來你們都已考慮得比較周全，此事就由你來負責吧。可繪一幅圖，必要時便於交流。」

於是壅江作堋的工作便在鄭衍的指揮下正式展開。鄭衍先命人用粗可四圍的六根柏木紮成兩個三角支架——楿槎，兩楿槎之間以八九根橫樑相連，縱向再鋪設木杆子，外層鋪上籬笆、竹席，兩個楿槎中間再以竹籠裝石壓住，放入大江，便可截流。截流之後，迅速在楿槎一側以竹籠卵石修砌石堋，隨著石堋加長，便修出一條無水的通道。楿槎便是壅江截水的簡便閘門，就地取材，快捷易行。

有了楿槎，加上竹籠卵石之法，壅江作堋的工程進展十分順利，不到年底，一道三里多長的石堋便築成了。頭部寬丈餘，中身寬可十數丈，邊緣砌以竹籠卵石，內部實以砂石，上砌龜背海漫石三層，十分堅固。整條石堋宛如象鼻直插江心，故以「象鼻」為名。

相較而言，開鑿虎頭岩的進度就慢多了，冬去春來，又到了農忙時節，也不過鑿至距離江面的一半，加上江面以下部份，估算起來也就五分之一而已。

洛水難馴

都安的工事大體有了眉目之後，李冰覺得當務之急還是先去洛水、綿水勘查一番。於是帶了徐青、唐正，匆匆趕往離成都較近的洛水。

洛水、綿水皆源自岷山，洛水在西，綿水在東，兩條大江出得大山，因高差較大之故，進入平原之後奔湧之勢一時無法遏止，皆漫溢橫流，分成十數支小河，然而最終還是匯往尾閭新都谷口。

李冰等人來至洛水的出山口，此處名喚瀑口（今高景關），山中也多是冉、駹、羌、氐之民，平原蜀民則無不擇高地而居，就因洛水流出後常常氾濫為災。李冰決定趁眼下暴雨時節尚未來臨，深入山中探查水情，於是找來當地一位山民喚作朱啟，作為嚮導，一行人便由瀑口進入山中，朝洛水上游行進。

瀑口東面也是一座高山，高聳入雲，山頂常有雲霧繚繞不散，氤氳如蓋，故名「雲蓋山」，兩山相對如門闕，酷似天彭闕。然而與天彭闕不同的是，往裏走時，只覺得這兩山之間實為一狹長山谷，且谷道曲迴崎嶇，中間巨石堆積，山岩崚嶒；而洛水水勢極猛，加之由山中進入平原，高差較大，故而聲勢駭人，浪花飛濺，人行其中，僅能貼著崖壁，緩緩前行。

一邊前行，朱啟一邊對李冰說道：「郡守大人，洛水、綿水皆源於這九頂山，因這一片大山共有九座高峰。您再看這洛水出口，狹長曲迴，將水束在這一孔道之中，暴雨降時，怒水奔騰，左衝右突，勢所難擋，故而時常沖決田宅，毀壞屋舍，人畜死亡也是難免的。」

李冰道：「是了。這出口通道必須疏鑿，而在出口外又需設法減弱水勢、疏導水流，否則很難管束住這股水勢。」

出了這峽谷再往前走，山勢漸漸雄奇，林木繁茂，杜鵑紅遍山野，雲霧飄乎如流瀑，變幻無窮，水仍舊較為湍急，但已十分清澈。

朱啟指了指右方一座高不見頂的大山道：「大人請看，那是章山，是我們族人的寶山，山上各種珍奇花木鳥獸，數之不盡。往前不遠處便是三河口了，洛水先是匯合了章水，在三河口又匯入兩條小一點的河流，才變得如此聲勢。」

過了三河口不遠，前面的水便分為兩支，左為洛水，右是章水。沿洛水又走了半天，見水勢愈發小了，李冰便道：「看來這洛水遠不及江水源遠流長，不必再往前行了，咱們往回走吧。」

李冰一邊往回走，一邊對唐正、徐青道：「這洛水固然聲勢駭人，然而論水量還是遠較江水小得多，大概是因為洛水流域面積較小，所匯集之水量自然有限。因此治理此水，關鍵在於疏鑿山中水道，便可減弱出山水勢，再者則是設法阻遏出山後的水勢，疏導水流，想來便可無患矣。」

唐正道：「大人所言甚是，然而這疏鑿水道，工程量亦復不小。依在下之見，這山谷河道中巨石眾多，難以挪動，加上崖岸左右怪石參差，致使河水左衝右突，亦需鑿下。

我認為這些石頭皆鑿碎鑿小即可，不必運出，河水勢大，早晚會將小石沖出，便可省了搬運之功。」

李冰拍手道：「唐兄這個主意真是妙極！」

唐正笑道：「郡守大人見笑了。再者，洛水出瀑口，由高就低，其勢甚猛，可挖一深潭以減其勢，築兩道堋堰以分其流，如此便可消除洛水肆虐之威。」

徐青也道：「郡守大人、唐兄，還有一事也需慮及。聽當地人說，這洛水、綿水之害，其實主要是在暴雨之時，唐兄所說分流之法固然很好，但在下以為還不夠。既然洛水流出平原之後漫流為十數條小河，那麼咱們不妨就勢疏浚，將這些小河加深開寬，使之成為灌溉良田之溝渠，如此豈不是兩全其美嗎？」

李冰、唐正齊齊讚道：「妙啊！徐兄果然高見！」

說來容易，然而實際進行起來卻非一日之功，何況眼下也只能先行勘查，若要施工，只能等雨季過後了。

李冰一行又赴綿水出山之處紫岩山勘查了一番，發現綿水雖較洛水為長，但地形地勢反不如洛水複雜，治理起來也較為省事。李冰探查的還有更為關鍵的新都谷口，這是一個狹長崎嶇的峽谷，若想鑿寬，工程量之大，不亞於都安虎頭岩。

隨著雨季的到來，治水工作只能暫停，然而對於平原區的防洪，李冰還是好好佈置了一番。他命人將各地已經開掘的河道、溝渠，凡可利用者皆與原有江河連通，已起到分洪目的。此外，他派人到各地推廣竹籠卵石築堋之法，在各個易於被洪水沖決之處築起石堋，以作預防。

這些預防工作顯然是必要的，今夏的雨特別大，但只有個別地方發生輕微的澇災，並未出現去年那樣嚴重的災難，就讓李冰心裏踏實了許多。

秋季一到，李冰便命各地開始招募民眾，有條件動工的就開始著手了。都安虎頭岩已經鑿開大約一半，這是一項振奮人心的消息，而且此處的經驗，瀑口、新都谷口鑿通開寬，乃至南安、僰道江灘礁石的鑿除，都是可以借鑑的。

這天，李冰吩咐人去請示王錣，詢問招募到多少民眾，洛水那邊是否可以動工？

李冰接著對徐青道：「徐兄，若瀑口處各項事務安排妥當，我想去南安、僰道看看，屆時請徐兄一同前往吧。」

徐青拱手道：「徐青謹遵大人吩咐。」

很快，派去王錣處的侍從回來稟報道：「稟郡守大人，王錣大人說，現今已招募壯丁近兩千人，可以先動工，後面他會儘快募集更多民眾，請大人放心。」

李冰道：「太好了！你去告訴王郡尉，請應募的百姓準備好，明天我們就趕赴瀑口。」

瀑口的疏鑿比想像的還要困難，主要是這裏需要疏鑿的峽谷長達數里，有的巨石高達數丈又深陷江心，極難著手；有的突出崖壁，不僅阻礙水道，也有礙通行，縱有數千人也難以盡數參與。因此李冰命五百餘人進入峽谷疏鑿水道，同時命其餘人等在瀑口外修築石堋，如此便可齊頭並進，人盡其用。

都安的經驗的確發揮了作用，不幾日，瀑口的各項工作就比較順利地開展起來。

然而，天有不測風雲。這一日，李冰見瀑口之事雖非一日之工，但既已安排就緒，便想連同綿水一起疏通治理，否則北部水患還是無法消除。念及此，李冰望了一眼屋外陰沉的天色，正準備派人去問問王錣招募到多少民眾，突然有人慌慌張張跑了進來，氣喘吁吁地喊道：「報告大人！不好了！不好了！洛水上游突降暴雨，山洪洩下，將咱們正在修築的石堋沖毀不說，谷中鑿山的壯丁也被沖走了數十位啊！」

李冰聞言大驚，急聲問道：「其他人等可都安好？！大水流往何處？快去通知百姓，避難要緊！」他的聲音甚至有些發顫。

定了定神，李冰邁步走出房間，帶人前往瀑口工地查看。因為這一帶時常有洪水之災，故而房屋皆建於高塽之地，但出門沒走幾步，就見眼前汪洋一片，浩浩湯湯，波濤滾滾，漫無涯際，早已辨不清原來的道路何在。

李冰頓足道：「原來只聽人說洛水、綿水常會突發山洪，眼見已是深秋，誰知也會突降暴雨！真是孽龍難馴啊！」

好在秋天的暴雨沒有持續多久，山洪來得快，去得也快，第二天洪水便退了下去。李冰命人趕緊打掃遍地的碎石草木，並盡可能尋找被大水沖走的民眾，派人對死傷百姓進行撫慰，發放錢糧等。

王錣也已聽聞此事，近午時分，帶了一隊留守的軍士趕了過來，立刻投入災後的清理救援工作。

李冰見了王錣，道：「王郡尉來得及時，昨日我正欲派人前往詢問如今招募到多少民眾？綿水、新都谷口的治理是否可以開始了？」

王錣道：「郡守大人切莫心急，現下正是秋忙收尾的關節，而且也時有降雨，這次的暴雨雖說突然，但在平時也是常事。依在下之見，莫如暫停谷中疏鑿，先在瀑口外挖潭、築堋，待得雨季確已過去，秋收結束，再行疏鑿不遲。」

李冰歎道：「哎！王郡尉所言極是，我是操之過急了。有此教訓，都安那邊也必須有所防範，王兄可差人前往告訴楊磨，派人到大江上游湔氐道一帶蹲守，若有雨情，火速告知下游，好作預防。」

王錣應道：「是！」

如此一來，綿水、洛水及新都谷的疏鑿便推遲了月餘。一個月之後，各項工作開始順利展開。有懲於洪水之害，百姓治水相當積極，不僅青壯年踴躍應募，就連老人、孩童，家中閒時也趕來幫忙擔土搬石，各個工地熱火朝天，一派忙碌，大夥兒說說笑笑，好不熱鬧。

治理雷垣

綿、洛二水的治理進展順利，李冰便開始計畫治理南安、僰道的江水通道。由成都南行，經武陽、犍為，約莫五百餘里處便是南安了。南安乃三江交匯之處，在古蜀國時為丹、犁國地，沫水流域則為青衣國，族屬也極為錯雜。秦滅蜀後，遷來不少秦人，遂設縣而治。

李冰請徐青隨同自己前往南安，二人到得縣府已是晌午，南安令岑芒趕緊迎入府內。分賓主落坐後，岑芒命人奉上一盞清茶，李冰一聞，香氣撲鼻，很是受用。

接著岑芒又命人用竹編的豆獻上一豆青綠長圓的小果，雞子般大小，表面有一層細細的茸毛，甚是喜人。岑芒道：「大人，此乃本地山間所生一種野果，當地百姓喚它作『毛梨』（即獼猴桃），酸甜可口。南安荒僻，沒什麼可奉獻的，這點野果也算特產，請大人品嘗。」

李冰取過一個，捏在手中，只覺有些軟軟的，輕輕剝掉外皮，嘗了一口，果然清涼甘甜、爽口多汁，讚道：「真是極品佳果！」

略略吃了口飯，李冰便道：「請岑令帶我等到江上吧，看看雷垣等處究竟如何凶險。」

岑芒道：「郡守大人剛到，是否先休整一日？雷垣等地距此較遠，騎馬也需一個多時辰，明日再去不遲啊。」

李冰道：「儘早去察看一下，也好商議對策，儘早治理啊。既然遠，那就騎馬去吧。」

岑芒道：「既然郡守不辭辛勞，我這就帶郡守大人前往。請隨我來。」

岑芒領著李冰、徐青等人離了縣府，沿江水策馬往上游走。約莫走了一個時辰，只見前方路狹山險，山風在峽谷中鼓蕩呼嘯，與平原地帶的溫濕氣候頗不相同，李冰不禁裹了裹衣服。

此時江面受峽谷約束，變得較為狹窄，而江水在兩面山崖的束縛下變得更急了。江水擊打著灘邊的大小岩石，浪花飛濺，水面泛白，滾滾南下。

岑芒指著前面江水轉彎處，提高嗓門對李冰道：「郡守大人，這裏是龍泉山脈最南端，大江穿山而過。此處江灘多石，水面白浪如鹽，故名『鹽溉』。此處江流轉彎，崖壁上卻有岩層橫突江中，大小船隻經過此處，極易觸岩，或者偏離江心至淺灘觸礁，十分凶險吶！」

李冰道：「此處水道屈曲，山岩崚嶒，果是險峻。看來只能鑿岩挖灘了，亦非一日之功啊！」

「郡守大人，前方還有兩處亦是險灘，一是縣溉，一即雷垣，咱們繼續前行吧！」岑芒說著，策馬頭前帶路，一行人一字排開，繼續沿江下行。

江水在此處山間屈曲迴環，岸上的狹路僅容一人通行，高低不平，左右草木縱橫，怪石突兀，極為難行。

行了數里，左岸有一處險灘，就是所說的縣溉了，比起方才的鹽溉，倒還算平易。

再行數里，就感覺水聲之大，猶如巨雷滾滾，不絕於耳。轉過一道山岩，只見山谷更為狹窄，右岸一段山崖宛如一道大牆橫突江中，江水奔騰，衝擊其上，發出巨雷般的聲音，直震得幾匹馬連連嘶吼。

李冰想，看來這便是雷垣了，抬眼看向岑芒，只見他以鞭指向那如巨垣的山崖，口中似乎說著什麼，但聽不到任何聲音，李冰只好笑著點點頭。眾人在此查看一番，岑芒打手勢請大夥兒往回走，於是眾人撥轉馬頭，原路返回。

眾人回至縣府，已是掌燈時分。李冰與徐青、岑芒商議道：「此地三處險灘，尤其是雷垣一處，谷狹水猛，要想如它處一般壅斷大江，使之露出水面進而開鑿，委實難以做到。兩位有何高見？」

徐青道：「大人，這雷垣如此狹險，若要開鑿，只能在一年中水量最小的幾天，以楿槎逼開江水進而施鑿。」

「也只能如徐兄所言了。」李冰點頭道：「岑令，你即刻可招募百姓，眼見就是冬天了，過不得個把月便可動工。此地施工條件差，施工期短，要完全鑿通，沒有三年五載怕是難以做到。」

岑芒忙道：「下官明日即張貼募民榜文。只是我對這治水鑿山之事一竅不通，還需請郡守大人和徐兄加以督導。」

徐青道：「岑令放心，此事不難，咱們大夥兒齊心合力，不幾天您也就成為行家了。」

岑芒笑道：「哈哈！少不得請徐兄多多指教！」

李冰在南安住了三日，又讓岑芒領著去雷垣看了兩次，與徐青商定了詳細的開鑿方案後，這才放心。眾人歇了一夜，第二天便又匆匆趕回南安，待得回到南安，又是六七日已過，岑芒已募集到兩千餘名壯丁。眾人聽說郡守要為南安鑿通山谷，掃除險灘，莫不摩拳擦掌，躍躍欲試。

李冰與徐青、岑芒率領眾人趕至雷垣。徐青先命人於雷垣上游十數步較為寬闊的兩岸之間架起兩道粗粗的繩索，然後命人將事先做好的四個巨型榪槎以大繩穿過鐵環，掛在架起的繩索上，以繩牽引，慢慢移至江心。再派八名身法靈巧且善識水性者爬至懸掛榪槎之處，先調整好榪槎的角度，以便落下時與江流保持一定斜度，便可最大限度卸掉江水衝擊之力。最後八人同時舉刀，一刀斬斷掛繩。

只聽砰訇聲響，四個巨大的榪槎同時落入江中。四個榪槎晃了幾晃，有一個榪槎瞬間便被衝倒，但最後還是有三個穩穩地立在了江中。

李冰、徐青見一試便成功，十分高興，如法炮製，又落下去十餘個巨型榪槎，方才將江水逼開。

壅江既已成功，鑿掉雷垣這塊巨石雖說不易，但竟竟比都安、瀑口還是要容易些。其他兩處險灘，也已不是難事。

蜀王兵闌

南安雷垣治好之後，李冰心中惦記的就是僰道了。這天天一亮，李冰照例早早起來，便問岑芒道：「岑令，由此前往僰道路程多少？需走幾日？」

岑芒答道：「郡守大人，此去僰道大約五百里，多山路，少則十日，多則十五日吧。」

李冰道：「若走水路呢？順江而下是否會快些？」

岑芒道：「走水路的話，不過三日便可到達。」

「好！徐兄，咱們即刻啟程，走水路去看看僰道的險灘如何？」李冰有些興奮地對徐青道。

徐青答道：「大人此議甚好。咱們到僰道查勘完畢，再由水路返回南安，就算逆流而上慢些，半個月內也可回來了。屆時岑令招募民眾已畢，便可開工啦！」

李冰道：「好！事不宜遲，那就煩請岑令替我們找兩位好船夫，送我等去僰道吧。」

岑芒為他們挑選了兩位最有經驗的壯年船工，並配了四名好水手，選了一艘可乘數十人的不大不小的船，李冰一行便登船啟航了。

小船在大江之上順風而行，快逾奔馬，只聽得耳邊呼呼風響，兩岸青山不住地退往身後。空中常有鷹隼盤旋，而岸上密林之中，猿聲哀啼，聲聞數里。感覺小船一直在往東南行駛，第三天剛走了大約一個半時辰，一位船工指著遠處對李冰道：「大人看那前方左岸有座城池，便是僰道了。」

李冰縱目望去，果見左前方十數里外有座城池，眨眼間，船已到達僰道城邊，靠了岸，眾人下得船來，進城去找僰道縣令祁商。

見了祁商，李冰笑道：「前日一別已是數月，祁令一向可好？」

祁商忙施禮道：「托大人的福，下官很好。沒想到大人官務繁忙，這麼快就來到我這偏僻的僰道小邑，真是僰道百姓之福啊！」

李冰開門見山道：「現在時間尚早，祁令可否即刻帶我等去查勘一下僰道的險灘？」

祁商道：「大人一路勞累，是否先歇息一天，然後再去？」

李冰道：「不必了。我等由打南安乘船至此，一路飛馳而下，不覺勞累。咱們早去早回，凡事也好早作打算吶！」

祁商忙道：「好！那就辛苦大人了，在下為您帶路。」

眾人隨祁商沿江往下游走，大約走了里許，轉過一座小山，祁商指著對岸道：「郡守大人，對面匯入的那條江便是瀘水，水量不比江水小，二江在此相匯，水量增倍，往前水面更寬、水勢更急了。」

李冰道：「如此，前面水也應更深才是，水深利於航行，然則險灘何在？」

祁商道：「郡守大人有所不知。前方再行里許，江面寬闊，近岸處喚作『蜀王兵闌』，便是本地聞名的險灘了。」

說話間，眾人又往前走了里許，果見大江江面陡然開闊，遙望對岸，不辨牛馬。

祁商指著靠近對面右岸的江灘道：「郡守大人仔細看，那邊近岸處有許多尖石刺出水面，便是所謂『蜀王兵闌』了。」

眾人聚攏目光仔細看去，果見對面近岸的水面上隱隱約約有許多尖刺一般的石頭露出江面。

祁商接著道：「此地以東約三百里便是江陽（今屬四川瀘州），也就是以往巴國之境了。相傳巴、蜀二國世為仇敵，常有侵伐，為防止巴國沿江偷襲，蜀王便在此江灘上設了兵闌，即兵器之陣，巴國船隻到此，無不觸兵闌而船破人亡。」

李冰道：「此雖是傳說，然而這由江底刺出水面的暗礁，稍不留神便可能船毀人亡，確是極度危險。此兵闌約佔多大水域？」

祁商答道：「前後總有數百步，寬度也有數十百步，有些石刺暗藏水面之下，比露出水面的更加危險。要想弄清到底由何處至何處，恐怕無人知曉，只有江水乾涸才可能看清吧。」

李冰點點頭，轉身對徐青道：「徐兄，在此處壅江，使江底露出，你看可行嗎？」

徐青道：「既然水下石刺能露出水面，想來此處江水並不甚深。可遣一名善識水性之人潛入水下，大致摸清水底情況，然後再行壅江，可保萬無一失。」

李冰道：「好。隨我前來的四名水手水性皆極好，可喚他們前來，四人從四處下水，試試看能否摸清水下情形。」

很快，四位水手來到兵闌處，換好衣服，一頭扎入江中。只見四人一會兒上來換口氣，又再次潛下，約莫過了大半個時辰，四人都游上岸來，各自向李冰、徐青及祁商匯報兵闌大致的邊界以及在水下的情形。

原來這所謂的「蜀王兵闌」實是江水沒過的一處石林，只是這石林頂部多尖如巨矛，其沒在水中的部份倒不如何粗大，水面下也不是很深，僅約兩三丈而已。如若無水，要鑿斷這些石林，鏟平兵闌，或許並非難事。

聽了四人的匯報，李冰向徐青點點頭，道：「徐兄，如此說來，此處的關鍵是壅江截流，將這片兵闌圍起來，令其間無水便好辦了。」

徐青道：「是了。只需以巨木紮起較大的榪槎，壅江截流並不難。還是需要麻煩祁令儘快招募民眾，趁現在冬季水少，及早動工啊。」

祁商道：「兩位為僰道百姓謀福，祁商豈敢偷懶？明日即張榜招募。只是如何施為，還需請徐兄現場指教，下官可是外行，哈哈。」

李冰道：「徐兄深於此道，祁令不必擔心。既然皆已查明，那麼這鑿除兵闌，看來是指日可待啊。哈哈！」

僰道令祁商即刻張榜招民，由於過去「蜀王兵闌」不知奪取了多少人的性命，大夥兒早已恨透了這什麼兵闌，故而踴躍報名，很快便招募了四五千人。

李冰命人做成十數個大大的榪槎，兩排並進，同時橫放大江之中，將兵闌一側的江水截住，使它只能從沒有兵闌的一側流過。隨著江水的流逝，很快，兵闌便從江底現身，只見密匝匝佈滿了石刺，真如在江底鋪了一張巨大的刺蝟皮一般。這些石刺看上去有的鋒銳如錐，有的如戟，有的如錘，也有橫躺斜臥的。石林之間長著各種水草，這些石頭表面佈滿黑色、褐色或者黃綠色的苔斑，宛如鐵銹銅綠，使得他們更似兵器了。

李冰與徐青先下至江底，發現腳下濕滑不平，而且江水剛剛退去，水草纏繞，極不易施工。於是李冰命人先將水草除掉，過了兩日，江底較乾之後，又命人拉來數百車乾草枯柴，散佈在石林之間，撒上硫磺焰硝，澆上魚油，然後點著。頓時火光沖天，燒著了半邊江。

約莫過了一個多時辰，火焰漸漸熄滅，李冰帶人再入江底，不僅腳底不再那麼滑，這些石頭也已被燒得泛白，一敲之下，石屑紛紛碎落。

很快，「蜀王兵闌」便被清除乾淨，僰道自此航運通暢，再無觸礁翻沒的危險了。

綿水溉田

從僰道回到成都後，李冰得知綿水紫岩山的河道疏通較為順利，王錣正在瀑口督工，故紫岩山那邊是他的一位下屬督管，於是決定親自到紫岩山一帶看看。

李冰帶了兩名隨從，騎著馬一路飛奔，趕往紫岩山。一路上，李冰感覺地勢略有起伏，有的地方有不少低矮丘陵，百姓在上面開闢農田，層層疊疊，很是美觀，當地人叫作「山原田」（即梯田）。

行至綿水後，他們便沿綿水往北走，大約再走百餘里，也就半日路程，便可抵達紫岩山。可是看看天色已晚，李冰便決定先找個地方住下，明日再走。

又往前走了數里，見當路是一處村落，約有百餘戶人家。李冰等來至村口，四下一望，見綿水岸邊有一老翁，倚靠著一株孔雀松，盤腿而坐，手握竹竿正在垂釣。

李冰下馬，向前施禮道：「老人家好興致，所獲不少吧？」

老人聽有人說話，抬頭一看，見是位官人，便笑答道：「天冷了，魚都躲到水下，不易上鉤哦。今日運氣真好，釣了兩條大魚，都有二斤重！晚飯就吃牠嘍。」

李冰道：「那可要賀喜老丈了！敢問老丈，家中可有空房？我等路過此地，想借住一宿。」

老人再次看了看李冰，站起身來，收攏魚竿。「這位大人，你算是問對人了，我家兩個孩子都去紫岩山挖河去了，家中確有幾間空房。」老人回身指了指幾步之外的一座籬笆門道：「這就是我家，隨我來吧。」

李冰一手牽馬，一手幫老人拎著盛魚的木桶，轉身進了籬笆門。他命手下將馬拴好，自己隨著老人進屋。

老人放下魚竿，這才問李冰道：「看大人的樣子像是個貴人，怪不得我今天走運。敢問大人貴姓高名？要去往何處啊？」

李冰道：「老丈，在下李冰，要去的就是那紫岩山。」

老人聞言一驚，趕忙施禮道：「原來是郡守大人！都怪我老頭眼拙，真是罪過！請大人原諒！」

李冰道：「老丈又不曾見過在下，何罪之有？即便見過，老丈也是長輩，無須拘禮。」

老人連連搖頭，道：「郡守大人自來到蜀郡，為百姓做了數不盡的善事。我老頭活了六十多年，還是頭一次見到像大人您這樣親近百姓、為民造福的好官吶！真是上天賜福，讓大人來到我家。大人請稍坐，先喝口水，我這就把這魚烹了，家裏還有一壺酒，望大人不要嫌棄，一定要嘗一嘗！」

李冰連聲道：「多謝多謝！叨擾老丈！」接著喝了口水，轉身跟在老人身後，一邊走一邊問道：「老人家，家中還有什麼人？主要以何為生？」

老人一邊處理魚，一邊答道：「大人，我老伴兒走得早，給我留下一女二男，女兒最大，早已嫁人；大兒子也已婚娶，現是分戶而居，北邊那戶就是；小兒子已二十二歲，前些時才有人說了媒，親事算是定下了，等挖河的工事幹完，我就準備替他辦婚事。我們莊戶人家，家中有幾畝薄田而已，靠天吃飯，時旱時澇，難有保障。我們靠山吃山，靠水吃水，有時也到山上打獵，但深山中多氐、羌，我們是不敢深入的，在這江上捕魚倒是無人管束，可惜我年老體衰，撒不動網嘍。」

李冰想起一路所見的山原田，便問道：「老丈家種的可是那山原田？」

老人道：「正是，正是！這些田在山坡上，高低不平，雖離江水不遠，但無法灌溉，故而旱澇憑天。」

李冰低頭想了想，道：「沿綿水北上，一路升高，難道就不能將這些水引到山原田上嗎？」

老人道：「大人一心為民，確讓我等百姓感動。可這引水上山，不易做到啊。」

兩人一邊聊著天，一邊將魚做好了，老人還蒸了一甑稻米飯，熱氣騰騰，滿室飄香，接著又從內室搬出一隻大陶壺，替每位都斟滿一盞酒。李冰等人十分感激，說說笑笑，吃得很香。

第二天，辭別老丈之後，李冰繼續趕赴紫岩山。同時他派一名侍從快馬加鞭去都安，請鄭衍前來。

來到紫岩山下，李冰見百姓們開山鑿石、擔土築堋，正忙得不亦樂乎。有人認出了李冰，興奮地叫道：「郡守大人來啦！郡守大人來看我們啦！」大夥兒擁上來，比見了親人還要激動。

李冰也很受感動，他笑著對大家招招手，高聲道：「諸位在此日夜操勞，極為辛苦，咱們大夥兒加把勁兒，努力在今年冬天先將主要河道挖好、疏通好，來年也就不會有水害了！大夥兒繼續幹吧，我已吩咐下去，中午給諸位烹魚吃！」

眾人聽了愈是興奮，幹勁兒更足了。

數日之後，鄭衍來到紫岩山下。見面寒暄之後，李冰開門見山地道：「此次請你前來，我是想請你勘測一下，綿水兩岸多山原田，可否引水灌溉？」

鄭衍道：「此事照理說是可行的，這幾天我便沿江勘測，看看如何引水能省時省力。」

李冰謝道：「如此就有勞鄭兄了。」

又過了十餘日，鄭衍回來了。李冰見他一臉興奮，便知有好消息，笑吟吟地問道：「如何？」

鄭衍道：「大人，我看不只這綿水，綿、洛相去不遠，可以一併利用。這兩條江皆自岷山流往新都谷口，其間高差不小，只要在較高處斜向引出幾條支流，稍加迂曲，便不難將之引至山原。」

李冰道：「極好！然而真會如此順利？就不會有什麼困難嗎？」

鄭衍笑道：「哈哈！看來大人有瀑口的教訓，思慮愈加謹慎了。不錯，大人所慮是有道理的。引水需要高差，若高差過小，便不利排洪。由主河道引出支流，幾經迂曲，河水流速極慢，若雨季洪水突發，這些河道極易漫衍成災。我想可在分水口處設一道閘門，遇洪水時關上閘門，使洪水由主河道流走，只要我們將主河道挖得足夠深、足夠寬，也就不會發生洪災，更不會沖決支流了。」

李冰讚道：「高！此事就由你督管，這綿、洛流域千萬畝良田，就靠你了。」

修築棧道

由於秦國以十月為一年的開始，而每年年底，各地都需派人入京上計（即報各地方的業績）。十月已至，李冰留下徐青督導，自己回了成都，見各地職官已統計好各自的業績，便派二郎前往咸陽上計。

三個月後，二郎從咸陽返回。

李冰道：「孩兒辛苦！來回只用時三個多月，真是太快了。石牛道、褒斜道可不易行吧？」

二郎道：「不瞞父親大人，這路確不易行，只是走得熟了。有幾處春水暴漲，十分凶險，幸有當地百姓指點，翻山繞過，否則別說三個月，再多一個月也回不來。」

「是了。看來待這邊稍有餘暇，便要開始研議修築棧道之事了。」李冰點頭說道：「大王對蜀郡諸事可有何評議？此外，我兒在京城可曾聽得什麼重要消息嗎？」

二郎答道：「大王對蜀郡諸事十分滿意，並請父親、王大人及上下人等多多保重身體。我向大王稟報過修築棧道之事，大王說，蜀郡治理要緊，待蜀郡無憂，再著手修築棧道不遲。不過大王表示，很希望早日嘗到蜀郡新鮮的荔枝。」

李冰聽了，不覺大笑。

二郎接著道：「父親，孩兒在京城聽聞穰侯魏冉興兵伐齊，以擴大其陶邑的封地，對此，大王似有不滿。此外，據說新來了一位客卿，叫做張祿，雖尚未得大王寵信，但據孩兒觀察，此人隱忍有謀，絕非久居人下者。」

李冰道：「嗯。這兩件事雖然相互之間看似沒有關聯，但將來如何，未可知曉。不過朝中只要不發生太大的變故，於我蜀郡而言，應該不會產生太大的影響。對了，楚太子在咸陽可有何動靜嗎？」

二郎道：「回父親，楚太子在咸陽過得很好，而且似乎與張祿先生相善，來往密切。」

李冰以手撚鬚，皺了皺眉，道：「哦？有這等事？看來這張祿先生的確不簡單啊。不過楚太子與他交好，對秦國、對蜀郡而言，倒不一定是壞事，反倒可能是件好事。」

李冰命二郎去請來唐正，並將業已調往葭萌的申暢叫來。

二人到來之後，李冰對申暢道：「中令調至葭萌已滿一年，你呈送的計簿我已拜閱，這一年來你恪盡職守，很是不錯。接下來我想請唐正先生協助你修建棧道，就從葭萌往北，先修石牛道，需開寬者開寬，需架橋者架橋，需修築棧道之處修築棧道，務要寬闊易行，盡量做到多數路途可並行兩輛馬車。我已派人前往咸陽請示大王，褒斜道雖屬漢中郡，但希望讓當地配合兩位，一併修築。此路一通，我蜀郡便可直趨首都咸陽，必將是極大便利。希望二位緊密合作，遇有任何困難，及時向我稟報。」

申暢、唐正二人領命，即刻起身返回葭萌，開始修築棧道。

棧道的修建得到了昭王的支持，他命漢中太守全面配合李冰主持的修築工程，不論人力、物力都得到了極大保障。技術上，唐正曾跟隨他的師父腹 修過商山棧道，自然手到擒來。

當然，自秦至蜀一千多里，山路崎嶇，棧道的修築極為不易，經過近五年的艱苦勞作才算完成。自此，蜀道不再艱難，自咸陽至成都，快馬奔馳，十餘日便可抵達。

鑿斷虎頭

都安虎頭岩的開鑿比原本想像的要困難些，進展極為緩慢。

這一日，李冰等人趕至都安，時已過午，李冰便直接來到虎頭岩，想看看工事進展如何。還未到工地，就聽叮叮噹當之聲不絕於耳，遠遠望去，李冰見有人從江中挑水，有人在虎頭岩上點火，更多的人則拿著鑿子、錘子在鑿挖已燒過的岩面，還有部份百姓用竹筐將鑿下來的石塊運走。

再看虎頭岩時，只見一道白花花的岩面裸露出來，就似老虎脖子掉了毛一般，甚是好笑。有的地方已經鑿下去數尺深，人站在裏面只露個腦袋，進展還是很快的，只是距離工程告成尚遠得很。

楊磨、鄭衍正在催促眾人加快速度，李冰沒有急著上去打招呼，而是在旁邊默默觀察了一陣。他發現做工的多是山中的氐、羌百姓，精壯肯幹，不惜氣力。但是開鑿的方法還有改進的必要，大夥兒都是從正上方往下，一點點開鑿，但若是從旁邊、底部、頂端各個方向一起用力，效率顯然會提高不少。再者就是分工不甚合理，他們基本上分成了三隊，每一隊負責一塊岩面，但是在火燒水澆的過程中，鑿石的百姓只在旁邊看著，並不動手，這就勢必造成怠工。

想到這些，李冰便命人將遠處的楊磨、鄭衍叫來，然後與徐青等一起商議該如何改進。

李冰將自己的的想法說了出來，然後道：「請諸位參酌參酌，看要如何才能更快更好。」

楊磨道：「當下秋收已基本結束，可招募更多民眾，速度自然會更快。」

二郎道：「可將百姓分成更多小隊，增加火燒的點，可鑿可燒之處多了，便可減少怠工。」

徐青發話道：「可採用四面燒鑿法，而不必只從上面往下燒鑿。四面燒鑿，鑿通之後便可將整塊石頭鑿下搬走，而從上往下只能層層燒鑿，自然費時費力得多。」

李冰道：「諸位說得都極好，咱們就照諸位所言，重新分組。七人一組，一人挑水，一人點火，五人開鑿，每組分派五個開鑿點。開鑿點如何選方可省力，則請徐青、鄭衍前去勘定，請楊磨將不同開鑿點分派給各組。大夥兒快去進行吧。」

這樣經過改善，進度果然快了一倍以上。

如今已是第五個年頭，虎頭岩在江面以上的部份已然鑿完，但是再往下鑿，為防止江水漫過來，施工時李冰讓人在西面留了大約一步多寬沒有開鑿，如一面牆一般擋住了江水。然而如此一來便使得施工面變窄，容不下許多人手。此外，愈到下面，岩石愈加堅硬，而且較為潮濕，無論是燒或是鑿，都較上半部份費力。

李冰叫來鄭衍，問道：「所謂『行百里者半九十』，這江面以下部份雖然施工的石方不大，卻是塊硬骨頭啊。依你估計，還需多久方可完工？」

鄭衍道：「大人，依目下的進度，估計再有一年半應該會鑿完，加上其他的收尾處置，後年雨季之前總該完工了吧。」

李冰道：「就算慢一點，也一定要將虎頭岩鑿開，要足夠深、足夠寬，這是整個平原治水的關鍵，急不得。前日瀑口過早施工，不意暴雨突至，死傷數十位百姓，這是我操之過急之錯，一定引以為戒。」

鄭衍道：「大人放心，都安上游已經派出十位吏員，自湔氐道至白沙郵分五處，專門負責監視大江的天氣及水位變化，想來應該無虞了。」

轉眼又過了兩年多，秦昭襄王四十一年（前二六六年），初春。

這日天氣甚好，晴空萬里，李冰的心情也極好，他甚至感到一種前所未有的激動。他來蜀郡已快滿六年，虎頭岩終於被徹底鑿開，被切斷的虎頭成為孤懸江心的離碓。虎頭岩被切斷的這道口子，進水口略窄，約十步（十五公尺），中間部份較寬，約十四步（約二十一公尺），形如瓶口，故李冰將它稱作「寶瓶口」，也是希望經它流向平原的水，能如寶瓶中的瓊漿玉液一般，帶給百姓無盡的福祉。象鼻、寶瓶口以及前後修築的分水口，總名「湔堰」（今名都江堰）。

經過慎重占卜，李冰選擇了今天作為開門放水的吉日。為此，他和王鐓、楊磨、徐青、鄭衍等人皆齋戒三日，沐浴更衣，特意先去江水神祠、岷山神祠舉行了祭拜儀式。

午時，吉時已到。圍觀的百姓擠滿江岸，從白沙郵到寶瓶口，密密麻麻全是人群，都期盼著這一時刻的到來。這時大夥兒遠遠望見郡守大人登上了寶瓶口的左岸，威風凜凜地站在事先築好的一座石壇上，眾人頓時安靜下來。李冰面朝西方，朗聲命令道：「開門放水！」

江岸上的軍士大聲傳話下去：「開門放水！」命令很快傳至三里外的象鼻處，象鼻上及江岸上早已準備好的兩隊各十數名壯丁一起用力，將巨繩拉動榪槎，兩座巨大的榪槎就像兩扇大門一樣緩緩打開，江水「嘩」地一聲奔湧而入，滔滔滾滾流向寶瓶口。眨眼之間，寶瓶口已被江水灌滿，在寶瓶口以下，很快被分為三支：湔江、郫江和檢江，汩汩湧湧，奔流向成都平原。

後來李冰又籌劃開掘了石犀溪，連通檢江與郫江，以檢江之水補郫江之不足，使郫邑周圍的良田獲得了更好的灌溉。之後又命楊磨在大江右側穿一河道，即名楊磨江（古名羊摩江，今沙黑河），以灌溉江西之田。

鄭衍在綿、洛一帶開渠溉田，漸漸積累起不少經驗，李冰將這些經驗也推廣至沱水及湔江、郫江、檢江等地。幾年之後，整個平原之地沃野千里。

水旱從人

雖然治水的主要工作已經完成，但李冰感覺並非高枕無憂。正所謂水火無情，洪水到時沖決一切，寶瓶口兩邊是玉壘山和離碓，是絕不會被沖毀的，但那長長的象鼻石堋只是竹籠填石築就，可就難保無虞了。

除了都安這處最關鍵的虎頭岩工程外，瀑口、新都谷口、南安雷垣以及褒斜道棧道都在這兩年陸續完工。李冰高興之餘，也委實有些疲累，雖然想到了象鼻石堋存在隱患，但無暇顧及，更沒有想出個好辦法。

一拖又是兩年過去了。昭王四十三年（前二六四年）盛夏，窗外的雨已然下了十來天，李冰望著窗外鉛色的天空，心情如那天色一般沉重。上天似乎就愛這麼捉弄人，你擔心什麼，祂就愈要送給你什麼。

李冰手撚著已經花白的鬍鬚，正在擔心象鼻的安危，突然門外跑進來一位身披蓑衣，可渾身早已濕透的年輕人衝到門口，撲通跪在泥水中，帶著哭聲對李冰道：「大人！江水把象鼻完全沖毀啦！」

正在擔心的事情發生了，李冰不僅沒覺得意外，反倒像心中的石頭落了地，但他還是極為關切地問道：「江水外溢了嗎？可有人員傷亡？」

來人道：「江水主要流向了外江，內江的水因沒有了象鼻導流，反倒少了。外江也不曾外溢，沒有人員傷亡。小人奉了楊磨大人之命，連夜趕來向您稟報的。楊大人見象鼻被毀，不知如何處置，還請大人示下。」

李冰聞言，不憂反喜，笑道：「哈哈！看來寶瓶口果是寶瓶，內江無憂矣。你先休息片刻，吃過飯再回都安。你告訴楊磨大人，象鼻既已沖毀，現今又值雨季，且不必管它。待雨季過後，咱們再重修便是。」

來人應道：「是。」

轉眼又到了枯水季，李冰趕至都安與楊磨相見後，楊磨先問道：「大人，您看這象鼻，可有辦法使它永固常新嗎？」

李冰笑了笑，道：「此事我已思慮多時，永固是無法做到，這常新則是必須的。試想，象鼻石堋乃是咱們利用竹籠裝石壘砌而成，竹籠易朽，卵石難固，能用三兩年已屬萬幸，豈能永固？既無法做到永固，那咱們就給它來個常新，年年檢修，年年更換，不就做到常新了嗎？以常新求永固，雖然麻煩，卻也是不得不然啊。」

楊磨聽了點點頭，笑道：「難怪像鼻被沖毀時，您的反應會如此淡定。楊磨愚鈍，直到今日才明白。」

李冰道：「其實還有一個原因，也是需要常新的。就是時間久了，江水攜帶大量砂石泥土，必然淤積於象鼻至寶瓶口的水道中，愈積愈多，即使象鼻不被沖毀，也會使得內江水道變淺，進水不足。所以需每年更新竹籠卵石，每年清淤淘沙，唯有如此，這湔堰才會永固常新、永保青春！」

楊磨道：「郡守英明。我這就帶人前去修築象鼻。」

李冰道：「咱們一起去。」

以榪槎壅江之後，果如李冰所料，象鼻至寶瓶口水道內淤積了不少砂石泥土，象鼻被沖決，正與此有關。

不到一個月，清淤築堋就完工了。在此期間，李冰經過觀察，命人於白沙郵象鼻分水口處立了三個石人，高一丈二尺（約二．八公尺），分別立在內江、外江、楊磨江分水口處。經過仔細測量、計算，李冰認為若江水低於石人之足，則必屬大旱，而若高過石人之肩，則可能會導致江水漫溢，造成澇災。

立好石人之後，李冰在江水神祠祭拜了江神，並禱告道：

江神在上，臣大秦國蜀郡守冰再拜稽首：今冰等令人於白沙郵象鼻分水口處設三石人，其令江水竭不至足，盛不沒肩。江神護佑，百姓安福，冰等常年致祭，不敢有缺。嗚呼！尚饗！

祭禱已畢，李冰又在寶瓶口前的山石上命人刻了六個大字：「深淘潭，淺包隅。」（今作「深淘灘，低作堰」）意在告訴後人，湔堰每年都需歲修，而且一定要深深地淘沙清淤，修築的石堋不可太高，否則不利洪水期溢洪。

從此，蜀郡水旱從人，沃野千里，號稱「天府」。

李冰生平簡表

前三一三年（秦惠文王十二年）

秦國張儀出使楚國，要楚國與齊國斷交以換取商於六百里地，楚王中計，斷交後只得六里地。

前三一二年（秦惠文王十三年）

秦楚丹陽、藍田之戰。

前三一一年（秦惠文王十四年）

張儀游說韓、魏、齊、趙、燕王以行連橫之計。

秦惠文王薨，太子秦武王蕩立。不喜張儀，諸侯復合縱。

前三〇八年（秦武王三年）

秦國與韓國爆發宜陽之戰。

前三〇七年（秦武王四年）

宜陽之戰後，秦武王與力士舉鼎，絕脈而薨，弟弟秦昭襄王嬴稷繼位。

前三〇六年（秦昭襄王元年）

秦昭襄王使樗裡子、甘茂攻魏。

趙武靈王胡服騎射，攻取中山及林胡之地。

楚懷王與齊、韓合縱。

楚國乘越內亂，聯合齊國進佔越國。

前三〇五年（秦昭襄王二年）

趙武靈王伐中山，中山獻四邑以和。

亞歷山大大帝死後，其部將托勒密據埃及獨立，稱托勒密王國。

前三〇四年（秦昭襄王三年）

秦昭襄王與楚懷王盟於黃棘，秦予楚上庸。

前三〇三年（秦昭襄王四年）

秦取魏蒲阪、晉陽、封陵，取韓武遂。

齊、韓、魏以楚背約，聯兵攻之。楚懷王使其太子芈橫為質於秦，秦發兵救楚，三國退兵。

前三〇二年（秦昭襄王五年）

趙國開始推行趙武靈王「胡服騎射」的軍事改革。

楚太子橫逃回楚國，秦楚兩國交惡。

前三〇六年（秦昭王元年）

李冰約於此年生於秦之隴西。

前三〇一年（秦昭襄王六年）

垂沙之戰，韓、魏、齊伐楚，敗楚於重丘。

趙武靈王伐中山國，中山王奔齊。

前三〇〇年（秦昭襄王七年）

日本彌生時代開始。

前二九九年（秦昭襄王八年）

秦誘拘楚懷王於咸陽。楚人從齊迎還太子橫繼位，為楚頃襄王。

齊孟嘗君田文入秦為相。

前二九八年（秦昭襄王九年）

孟嘗君自秦逃歸。

孟嘗君逃回齊國後，倡導齊湣王聯合魏、韓伐秦，攻至函谷關。

秦發兵出武關擊楚，取十六城。

趙惠文王封其弟勝為平原君。

前二九六年（秦昭襄王十一年）

楚懷王薨於秦。

中山國被趙國所滅。

前二九五年（秦昭襄王十二年）

趙國沙丘之亂，趙國李兌、趙成發動政變，太上皇趙雍行宮被圍達三月之久。最後趙雍被活活餓死，趙國始向各國報喪。

前二九三年（秦昭襄王十四年）

韓、魏聯合攻秦，秦昭襄王以白起迎之，大敗二國聯軍於伊闕。

前二九〇年（秦昭襄王十七年）

魏割河東地四百里予秦。韓割武遂地二百里予秦。

前二八九年（秦昭襄王十八年）

秦白起、司馬錯攻魏至軹，取六十一城。

前二八八年（秦昭襄王十九年）

齊秦稱帝，十月秦昭襄王稱西帝，遣使尊齊湣王為東帝而共伐趙。齊王聽蘇代之言，不稱帝，十二月，秦王也跟著去帝號。

前二八七年（秦昭襄王二十年）

羅馬共和國通過新法律霍爾騰西法，賦予平民大會更多權力。

前二八六年（秦昭襄王二十一年）

齊滅宋之戰，齊湣王聯魏、楚之師攻宋。宋國滅亡。

前二八五年（秦昭襄王二十二年）

秦蒙武攻齊，取九城。

前二八四年（秦昭襄王二十三年）

燕樂毅率五國（燕、秦、韓、趙、魏）之師伐齊，破臨淄（今山東淄博）。

前二八三年（秦昭襄王二十四年）

藺相如完璧歸趙。

埃及托勒密王朝開始建造索斯特拉特設計的亞歷山大燈塔。

前二八一年（秦昭襄王二十六年）

多瑙河下游平原邊境的凱爾特人趁利西馬科斯之死，穿過馬其頓及希臘，入侵小亞細亞。

前二八〇年（秦昭襄王二十七年）

秦白起敗趙軍，取代、光狼城。

黔中之戰，秦司馬錯因蜀拔楚黔中，楚獻漢北及上庸之地予秦。

前二七九年（秦昭襄王二十八年）

齊田單破燕軍於即墨（今山東平度東南），悉復所失故城。

前二七八年（秦昭襄王二十九年）

秦攻破楚都郢（在今湖北荊州市荊州區西北）。楚割地求和，遷都陳（今河南淮陰）。

屈原約於本年卒。屈原名平，字原。運用楚地的文學樣式、方言聲韻等，創造出騷體這一新形式，所作詩篇以〈離騷〉最為著名。他的傳世作品，都保存在劉向輯集的《楚辭》中。

前二七七年（秦昭襄王三十年）

秦任命白起為主將、蜀郡郡守張若為副將，奪取了楚國的巫郡和黔中，初置黔中郡。

孟嘗君卒，諸子爭立，齊魏共滅薛，因此絕嗣。

前二七六年（秦昭襄王三十一年）

魏安釐王封其弟無忌為信陵君。

安提柯二世擊敗入侵希臘的高盧人，入主馬其頓王國。

前二七五年（秦昭襄王三十二年）

秦國丞相，穰侯魏冉進攻魏國。韓國暴鳶救援魏國，被魏冉擊潰，斬首四萬。魏國割讓八座城池求和。魏冉再次進攻魏國，打敗魏國名將芒卯，入北宅。秦軍圍攻魏國首都大梁。魏國割讓溫求和。秦軍撤大梁之圍。

前二七三年（秦昭襄王三十四年）

印度孔雀王朝賓頭娑羅王卒，子阿輸迦（阿育王）繼位。開創孔雀王朝的極盛時期。

前二七〇年（秦昭襄王三十七年）

魏人范雎說秦昭襄王遠交近攻。古希臘哲學家伊比鳩魯卒。

前二六六年（秦昭襄王四十一年）

秦昭王用范雎為相。范雎制定「遠交近攻」策略。

前二七二年（秦昭王三十五年）

秦昭王接受楚人黃歇的建議，改變了由蜀伐楚的策略，開始了與楚長達近三十年的和平相處時期。李冰約於此時被任命為蜀郡守。

前二七一年（秦昭王三十六年）

李冰任蜀郡守，主持修建湔堰（即都江堰）等水利工程。

前二六六年（秦昭王四十一年）

范雎任秦相，秦國開始執行遠交近攻的策略。咸陽入蜀的褒斜道、石牛道之棧道大約修建於范雎任秦相期間，主持其事者應是李冰。

前二六五年（秦昭襄王四十二年）

趙孝成王新立，太后掌權。秦攻趙，趙求救於齊。齊必欲以太后所愛少子長安君為質，始肯出兵。太后不許。觸龍說服太后，送愛子入質齊國，以解除國危。

羅馬統一義大利半島，成為地中海的強國。

前二六四年（秦昭襄王四十三年）

第一次布匿戰爭，羅馬奪西西里。

前二六二年（秦昭襄王四十五年）

楚考烈王即位，任黃歇為令尹，封春申君。執政時，權勢隆盛，廣致賓客，與齊孟嘗君、趙平原君、魏信陵君並稱戰國四公子。

前二六〇年（秦昭襄王四十七年）

長平之戰開始。廉頗成功抵禦了秦國軍隊。後因趙王改用只會紙上談兵的趙括，結果大敗。

埃及與塞琉古帝國之間爆發第二次戰爭

前二五九年（秦昭襄王四十八年）

秦昭襄王發起邯鄲之戰，派五大夫王陵攻打趙國首都邯鄲。

托勒密一世創建亞歷山大圖書館。

前二五七年（秦昭襄王五十年）

魏信陵君、楚春申君救趙，解邯鄲（今河北邯鄲市）之圍。

前二五六年（秦昭襄王五十一年）

蜀郡守李冰及其子開始建造都江堰。

前二四九年（秦莊襄王元年）

秦滅東周，東周亡。

呂不韋為秦相國。

前二四七年（秦莊襄王三年）

秦莊襄王卒，子嬴政年幼即位。呂不韋繼為相國，主持國政，尊為「仲父」。

阿爾沙克一世建立安息帝國。

前二四六年（秦王政元年）

秦納韓國水利家鄭國建議開渠，鄭國渠完工後灌渠全長三百里。

前二四一年（秦王政六年）

羅馬海戰於埃加迪群島附近擊敗迦太基，第一次布匿戰爭終止，迦太基賠款，西西里併入羅馬帝國。

前二四六年（秦王政元年）

約在此年前後，李冰離任蜀郡守，轉任上郡守。

前二三八年（秦王政九年）

秦王嬴政親政。嫪毐起兵叛亂，兵敗被殺。

荀子卒。荀子名況，時人尊為「荀卿」。曾提出性惡說、「制天命而用之」等觀點。著作有《荀子》。韓非、李斯皆其學生。

羅馬共和國佔薩丁尼亞。

前二三三年（秦王政十四年）

韓非入秦，旋被害。韓非為先秦法家集大成者，提出法術勢合一之學，有《韓非子》一書。

前二三二年（秦王政十五年）

印度阿育王卒。阿育王在位其間是孔雀王朝的極盛時期。

前二三六年（秦王政十一年）

李冰去世應在此年之前。

注：因史料闕如，李冰的相關事蹟殊難考定，今謹據較為可靠的史料，並參照學界的相關研究，略定其年表如上，僅供讀者參考。

嗨！有趣的故事

李冰

責任編輯：苗　龍
裝幀設計：盧穎作
著　　者：楊學敏

出　　版：中華教育
　　　　　香港北角英皇道 499 號北角工業大廈一樓 B
電　　話：(852) 2137 2338
傳　　真：(852) 2713 8202
電子郵件：info@chunghwabook.com.hk
網　　址：http://www.chunghwabook.com.hk

發　　行：香港聯合書刊物流有限公司
　　　　　香港新界荃灣德士古道 220-248 號荃灣工業中心 16 樓
電　　話：(852) 2150 2100
傳　　真：(852) 2407 3062
電子郵件：info@suplogistics.com.hk

版　　次：2023 年 9 月第 1 版第 1 次印刷

規　　格：16 開（210mm × 148mm）
I S B N：978-988-8807-21-5

本書繁體中文版由中華書局授權出版